"双减"背景下

普通高中语文"强课提质"研究

王春华◎著

北方文艺出版社

哈尔滨

图书在版编目(CIP)数据

"双减"背景下普通高中语文"强课提质"研究 / 王春华著. -- 哈尔滨：北方文艺出版社，2022.11
 ISBN 978-7-5317-5744-3

Ⅰ.①双… Ⅱ.①王… Ⅲ.①中学语文课－课堂教学－教学研究－高中 Ⅳ.①G633.302

中国版本图书馆CIP数据核字(2022)第202976号

"双减"背景下普通高中语文"强课提质"研究
SHUANGJIAN BEIJINGXIA PUTONG GAOZHONG YUWEN QIANGKETIZHI YANJIU

作　者 / 王春华	
责任编辑 / 滕　蕾	封面设计 / 左图右书
出版发行 / 北方文艺出版社	邮　编 / 150008
发行电话 / (0451)86825533	经　销 / 新华书店
地　址 / 哈尔滨市南岗区宣庆小区1号楼	网　址 / www.bfwy.com
印　刷 / 廊坊市海涛印刷有限公司	开　本 / 787mm×1092mm　1/16
字　数 / 133千	印　张 / 10.25
版　次 / 2022年11月第1版	印　次 / 2023年3月第1次印刷
书　号 / ISBN 978-7-5317-5744-3	定　价 / 57.00元

前 言

  "减负"是减轻学生过重的课业负担,并不是减去课堂传授的知识和内容,也不是不要考试,更不是不要教学质量的"放羊式的教学"。教学减"负"不减"质",在"减负"的同时又要"保质增效",这才是真正的"减负增效"。这就对教师提出了更严格地要求,教师千万不能把学生当作学习的机器来进行模式化教育,必须统观教学内容和对象,因材施教,因人施教,减轻学生的心理负担。这样,教师思路才会更开阔,学生的发展才会更全面,才能实现教与学的有机统一,真正达到"减负、增效、提质"的目的。从某种意义上说,减是为了增,在语文教学中,减是为了提高语文教学质量,增强学生语文学习的兴趣,以形成学生良好的语文素养。那么语文教学如何提质增效呢?一是增加学生的读书时间,包括朗读?默读以及自由读书的时间。二是增加课堂上动手书写的时间。三是增加学生自我揣摩和独立思考的时间。为此,课堂上要进行"大扫除",扫除语言垃圾,使课堂变得干净;还要严禁噪声?杂音污染学习环境,营造学习氛围。

  提高课堂效率,课堂效率是课堂教学的生命,教师在备课中应有针对的备课,在教学中也应有针对性的教学,会的不讲,讲了不会的不讲。在教学中应看到学生的差异,承认学生的差异,做到因材施教,分类指导。提高学生学习效率。双减工作落实后,学生的自主支配时间多了,首先引导学生提高自主支配时间的有效性。其次,要做好学生休息时间的引导,确保学生在课堂上有充沛的精力。学生在学习中也应注意,循序渐进。提高作业效率。教师布置作业前,应做到广泛浏览博览,做到心中有数,作业布置时要做到少而精,指向性明确,针对性强。教师作业反馈应及时。切实减轻教师负担。在双减工作中学校教师是必不可少的一环。只有让教师全身心投入教学工作中,才能有效达到双减的目的。在教学以外的包保、控辍保学、家访……这些在校外的工作是看不到的,占了教师大量的精力,但这必须也应该是老师该做的。

双减之下如何高举教育"旗",出好管理"牌",下活特色"棋",奏响质量"曲",这是我们每一个教育工作者必须思考和面对的实际问题。学校和教师都应该积极探索一条"双减"之下的提质增效之路,为孩子的高效学习、快乐学习保驾护航。

目 录

第一章 "双减"政策与普通高中语文教学管理概述 ·········· **001**
    第一节 "双减"政策下的教育理念与变革 ················001
    第二节 高中语文教学管理概述····························019

第二章 "双减"背景下教师工作负担及其化解 ············· **035**
    第一节 教师工作负担理论框架····························035
    第二节 "双减"背景下教师工作负担分析 ················037
    第三节 "双减"背景下教师工作负担化解措施 ············042

第三章 "双减"背景下普通高中语文课堂教学决策 ········· **048**
    第一节 普通高中语文课堂教学决策的理论依据 ············048
    第二节 普通高中语文课堂教学决策的因素 ···············059
    第三节 普通高中语文课堂教学决策的机制 ···············085
    第四节 普通高中语文课堂教学决策的基本原则 ············093

第四章 "双减"背景下普通高中语文课堂教学方法 ········· **097**
    第一节 普通高中语文课堂教学方法的理论研究及意义 ······097
    第二节 普通高中语文课堂教学方法设计现状 ··············100
    第三节 普通高中语文课堂教学方法的设计与实践 ·········103

第五章 "双减"背景下普通高中语文课堂教学质量监控 ····· **133**
    第一节 普通高中语文课堂教学质量标准监控系统 ·········133
    第二节 监控者及其素质要求·····························135

第三节　监控的原则和主要内容 ················· 138
　　第四节　监控的手段与方法 ····················· 142

第六章　"双减"背景下普通高中语文课堂测评素养重构 ········ 148
　　第一节　"双减"政策文本内容分析 ················· 148
　　第二节　普通高中语文课堂教学测评素养的重构思路 ········ 151
　　第三节　普通高中语文课堂教学测评素养的重构路径 ········ 153

参考文献 ·· 157

第一章 "双减"政策与普通高中语文教学管理概述

第一节 "双减"政策下的教育理念与变革

一、"双减"政策对于学生成长成才和学校教育教学改革的意义

"双减"政策创新性地将校内作业负担与校外培训负担联合治理,形成校内校外双管齐下的"减负"思路,代表了党和国家在学生"减负"问题上的治理创新。"双减"政策的出台,对于学生成长成才和学校教育教学改革,具有重大且深远的意义。

(一)"双减"政策对于学生成长成才的意义

"减负"减的是学生的负担,减的是学生成长成才过程中过重的、不必要的额外负担。此次"双减"政策文件出台,就是切实落实立德树人根本任务,促进学生全面发展,健康成长成才。

"双减"的实施将正常的成长时空还给学生。长期以来,学生作业负担与校外培训负担的双重加压,使学生失去了正常的成长时空,造成了严重的学业焦虑、分数焦虑、排名焦虑和考试焦虑,这种焦虑经部分学生家长的盲目从众,又加重了学生的心理负担,进而形成社会性焦虑。这给正在成长中的青少年,特别是义务教育阶段的少年儿童及其家长造成了很重的心理负担。长期重压之下,亲子关系缺乏有效的互动维系,少年儿童难以悦纳自我。

"双减"的实施引导全社会转变人才观念。长期以来,高考成绩成了默认的人才评价标准,但从实际看,传统人才标准失之偏颇。"双减"政策的实施,加之教育评价的转变,有利于引导家长、学校和学生改变传统的成才观,将单一的结果性、片面化人才观,转变为德智体美劳全面发展的人才观。

"双减"的实施有利于少年儿童发现和激活自身潜能。"双减"政策可以让学生腾出时间与精力,去参加各种感兴趣的学习与实践活动,发现和激活自身的潜能与天赋,并在活动与实践中将潜能转化为外显能力并引导学生的专业选择和职业发展。

(二)"双减"政策对于学校教育教学改革的意义

"双减"政策的宗旨就是要充分发挥学校教书育人的主体功能,强化学校教育的主阵地作用,因而对于学校教育教学改革的意义非常明显。

1. 全面提高学校教育质量

学校教育质量是一个由多要素构成的复合系统,涉及教育宗旨、教育投入、系统结构、要素品质和要素关系以及教育结果等,但在所有影响教育质量的要素中,学校的课程设置与各门课程的内涵质量,是重要的前提。师资水平及其相应的教学方式,则是影响学校教育质量的直接因素。[①]

"双减"政策将对教育质量提出挑战,学校要积极应对。第一,在学校的课程设置上,要体现德智体美劳的全面培养要求,加强传统的短板弱项,如体、美、劳相关课程,特别是劳动教育课程;第二,充实和提升各门课程的内涵质量,重新认识并加强建设一些传统学科,如理、化、生等学科的实验教学,义务教育的道德与法治,高中思想政治课程,传统体育,艺术教育中戏剧、舞蹈、影视等方面;第三,要创建师资队伍建设的时代标准,全面优化教学方式,提升课堂教学效果,锐意教学改革探索,如推进综合性主题学习、项目化学习和跨学科学习等教学改革、完善中小学生学业质量综合评价改革、将启发式教学思想进一步融入课堂教学等。在这方面,天津出台了《提升新时代义务教育教学质量的若干举措》和《关于进一步加强与改进中小学教学视导工作的实施意见》,围绕优化课程体系、深化课堂教学改革、减轻学生过重课业负担、完善教育评价机制、加强教育教学研究等,共推出17项改革举措,明确了21项重点项目清单和17项负面清单,取得了良好的"减负"效果。

2. 推进作业设计改革

学生作业负担是这次"双减"政策直接指向的问题之一。文件明确了作业布置规范,规定小学一二年级不布置家庭书面作业,小学三至六年级

---

① 赵国柱,陈旭光. 教育理念变革中的师德建设[M]. 天津:天津教育出版社,2017.

书面作业平均完成时间不超过60分钟,初中书面作业平均完成时间不超过90分钟。学校在压减了作业总量,总体降低考试压力的前提下,还要从规范作业来源、科学设计作业、合理布置作业、统筹作业总量、强化作业批改,加强作业分析反馈和课后辅导等方面,推进作业系统改革,其中的关键是进行作业设计改革以及作业类型结构的改革。

2019年6月中共中央、国务院印发的《关于深化教育教学改革全面提高义务教育质量的意见》中,就已经提出"促进学生完成好基础性作业,强化实践性作业,探索弹性作业和跨学科作业",同时提出"教师要认真批改作业,强化面批讲解,及时做好反馈。"同年国务院办公厅印发的《关于新时代推进普通高中育人方式改革的指导意见》中也提出要"精心设计基础性作业,适当增加探究性、实践性、综合性作业"。其中,实践性作业、跨学科作业、探究性作业等作业类型,是传统作业体系的弱项,也是下一步作业体系改革的攻关方向。

近年来,天津先后出台《关于义务教育学校减轻学生课业负担的规定》《进一步做好中小学生减负工作实施方案》《关于进一步加强和改进义务教育学校作业管理的若干措施》等一系列政策文件,不仅各年级学生书面作业布置与平均完成时间的规定与此次国家"双减"政策精神完全一致,而且还严禁布置重复性和惩罚性作业,规定不得通过微信等方式增加学习和作业压力,不得要求学生利用手机完成作业,一系列措施产生了良好的作业改革成效。

3.完善校内课后服务

在提高教育教学质量、推进作业设计改革、规范校外培训之后,校内课后服务成为落实"双减"的焦点之一,特别是课后服务的内容受到广大家长和教师的关注。2021年9月2日,由天津市教委、天津市发改委、天津市财政局、天津市人社局联合印发的《关于进一步做好义务教育阶段学校课后服务工作的实施意见》,已提供了清晰的工作思路,即"指导学生高质量完成课后作业,积极开展各种课后育人实践活动,构建'课上+课后'相互衔接、有效拓展的教育良好生态。"学校可"根据学生年龄特点、学段要求和学校实际,因地制宜,分年级、分层次设置课后服务'项目菜单'",供学生和家长自主选择,最大限度满足学生的多样化需求。开展丰富多彩、形式多样的红色文化教育、科普、文体、艺术、劳动、阅读、兴趣小组及社团活动。不仅如此,按照充分发挥学校教书育人主体功能的"双减"宗旨,文件还提出,"探索引进非学科类教育培训机构参与课后服务",校内课后服务还可以提供棋类、书法、美术、舞蹈、器乐、陶艺、手工艺、体操、游泳等其他室内外运动等通常由校外非学科类培训机构提供的服务内容。当然,学校也可以引导各社团组织自己的特色活动,探索利用双休日和节假日举办校内体育赛事、文艺展演、社会实践、科技创新等活动。

另外,基于其他社会组织、企事业单位和社会团体加入育人主体的考虑,作为学校教育的延伸,还要探索构建学生假期活动体系和模式。要鼓励街道参与指导学生社会实践,提供实践锻炼和志愿服务岗位;鼓励各类综合性和特色劳动实践基地向学生开放,设计面向学生的劳动实践课程和服务岗位;鼓励博物馆、科技馆、美术馆等在节假日免费或优惠向学生开放,引导相关人员参与指导学生假期活动;青少年活动中心、少年宫全部向学生开放。在学生假期活动体系的组织模式上,学校要积极行动起来,按照政策要求,在学生自愿的基础上,通过组织有关老师或招募志愿者,或邀请各类有专长的社会人士,积极开展假期托管服务。同时,社区、群团组织、大型企业等,都应该积极担当主体责任,采取一家主持(如社区)、其余协同的模式,形成多种学生假期活动或托管模式。

二、"双减"政策精神落地生根是一项系统工程

让"双减"政策精神切实落地生根是一项系统工程,需要教育教学评价改革发挥好指挥棒作用,需要核心素养和能力不断发展的专业化教师做前提和保障,需要教科研精准发力提升学生在校学习效率,实现课业负担方面的精准减负提质,需要优化资源、群策群力提升课后服务水平,实现课后培训负担的有效减轻。

(一)重塑教育教学评价体系,深化考试招生制度改革

贯彻落实《深化新时代教育评价改革总体方案》精神,提高教育教学评价的专业水准,加强教育教学评价改革的教研,增加作业、课堂提问、小组研讨汇报等过程性评价比例,增强期中和期末等结果性考试的科学性、专业性和客观性。利用好学生的综合素质评价,在思想品德、学业水平、身心健康、艺术素养、社会实践和特长发展等六个方面实施评价,以适应

教育综合改革新任务新要求,反映学生五育发展情况和个性特长,以评价来促进教育教学质量的提升。推动区块链、云计算、人工智能等技术与学生综合素质评价的深度融合,改变以考试成绩作为唯一评价学生标准的做法,切实推动综合素质评价落地生效。

另外,"双减"政策对中考、高考的命题质量提出了新要求,要切实引导广大师生落实《深化新时代教育评价改革总体方案》所提出的构建学生德智体美劳全面发展的考试内容体系,改变相对固化的试题形式,增强试题开放性,减少死记硬背和"机械刷题"现象。"双减"对招生制度改革也提出了新要求,要加大探索招生改革的力度,深化落实《深化新时代教育评价改革总体方案》所指出的加快完善初、高中学生综合素质档案建设和使用办法,逐步转变简单以考试成绩为唯一标准的招生模式,充分发挥教育教学评价对于教育实践的正面促进作用。

(二)发展教师核心素养和能力,为减负提质做好前提和保障

"双减"对教师的专业水准提出更高要求,专业化的教师队伍是有效落实"双减"的前提和保障。教师核心素养和能力是教师专业发展的密码,思想政治素养、道德素养、教育理想精神、人文与科学技术素养,教育教学能力、研究创新能力、学习发展能力和沟通合作能力是核心素养和能力的要素,要重点予以建设和发展。教师要做到两个"认识"。一要深刻认识机械刷题和重复训练的弊端。研究表明,过分的重复训练和记忆,会压制人的右脑的发育,而右脑控制兴趣和创造力,重复刷题、机械记忆的恶果是熟能生笨、熟能生厌。减少重复训练和记忆的负担,学生的学习兴趣和创新能力会得到提升。在当前社会,机械训练的工作完全可以由智能机器完成,有创新能力的人,才能适应新时代的社会要求。减轻重复训练的负担,适当提升学生创新能力,是学生立足智能社会的基础保障。二要深刻认识到严格对照课程标准设计和组织教学的重要意义。九年义务教育和高中各学科课程标准是开展教育教学的基本准则,教师要严格依据课程标准要求,夯实四基(基础知识、基本技能、基本思想方法和基本活动经验),培养学生的四能(提出、发现、分析和解决问题的能力),发展学生的学科核心素养,切实减少死记硬背和"机械刷题"现象。

(三)开展学生学习品质要素的教科研行动,提升在校学习效率,实现课业负担的精准减负提质

降低过重作业负担的难点之一在于找准影响学生学习质量的关键要素,提高学生在校学习效率。国内外多项研究结果表明,学习品质对儿童早期甚至未来的学习与发展具有显著的预测作用,学习品质是影响学习效率的要素。学习品质是学生在学习过程中表现出来的积极态度和良好的行为倾向。学习品质的高低离不开评价,通过评价学习品质要素精准改进学习品质,就从源头上解决了减负提质的问题。每位学生的学习品质不同,有的孩子擅长思考,有的孩子擅长制定学习策略,有的孩子有毅力,有的孩子随时关注自己的学习状态。明确学生学习品质要素的优点,发扬优点;发现学习品质要素的短板,精准补短板。对学习品质要素的扬长补短,是提高学生学习效率的有效路径。目前天津师范大学研究团队已经做了前期探索,发掘了高效数学学习品质要素,开发了数学学习品质测评工具,建构了天津市学生数学学习品质要素常模,运用AI技术研发了数学学习品质智能测评与施策系统,并通过实践检验证实数学学习品质智能测评与施策系统具有减负提质的功效。未来学生学习品质测评的广泛开展,将有助于大幅度提升学生学习效率,大力度助力减负提质。

(四)优化资源,群策群力,不断提升学校课后服务水平

"双减"强调大力提升教育教学质量,确保学生在校内学足学好,也强调提升学校课后服务水平,满足学生多样化需求。中小学在课程资源上做足功课,在协同育人上下好功夫是不断提升课后服务水平的有效抓手。

落实"双减"政策,搞好课后服务工作,需要优化资源来满足学生个性化、差别化、实践性的学习需求,促进学生个性发展,提升学生综合素养。如何破解师资、场地、硬件等资源问题,可能就是中小学面临的第一个难题。当前,一些学校充分利用周边社区、企事业单位的资源,解决本校教育资源不足的问题。比如,发挥背靠高校和科研院所的优势,引入专家和实验室资源等,为学生开设专题讲座、指导学生开展科技探索活动;利用毗邻的博物馆、文化馆、科技馆等,开设了走进博物馆、文化馆、科技馆系列综合实践活动课程;挖掘家长资源或与第三方机构合作,开设特色课程,丰富课后服务内容供给。比如,有的小学通过由家长代表和学校代表共同组建的"校务管理委员会",遴选第三方的课程资源,通过期末学生、

家长的满意度调查设立清退机制,确保第三方课程质量;也有学校践行学校、家庭、社会协同育人的理念,邀请科学家、公安干警以及各行各业的家长走进校园、走进课堂,开设课后服务课程门类百余种、各类社团两百余个。例如,天津市和平区岳阳道小学聘请来自和平区劳技中心、少年宫、体校、艺术中心等各类优秀教师以及有特长的家长,已经开设了93门自选课程以满足不同学生的发展需求。天津市河西区建立了集思政教育、素质拓展、社会实践、自主阅读等活动于一体的课后服务课程体系,共20类200余门课程。

落实"双减"政策,做好课后服务工作,还需要学校、家庭、社会凝心聚力,协同营造立德树人的环境。教育是一项极其复杂的社会活动,教育的成功取决于学校、家长、社会形成合力,学校要充分利用家长学校、家长会等形式畅通家校合作渠道,协同提高学校教育教学质量,通过高质量的学校教育和课后服务,遏制家长的"培训冲动"。课后服务未来想要提高满意度,还需要群策群力,在质量和形式上下功夫。高校、科研院所要主动发挥智库作用,教育行政部门、学校、家长也要组成学生健康成长的利益共同体,在深入征询家长、学生需求基础上,各地教育主管部门统筹安排,协助学校开发更多符合学生综合素质发展的特色项目。课后服务质量的高低与教师数量和质量密切相关,学校需要吸引优秀师资参与,广泛开拓师资来源。充分利用退休教师、校外素质类培训机构教师或者高校优秀学生资源,进一步弥补课后服务优质师资不足的问题。此外,社会需要营造正确的育人氛围,形成重视学生综合素质、学习品质的浓厚氛围,实现教育共治、善治的良好局面,构建良好教育生态,有效缓解家长焦虑情绪,促进学生全面发展、健康成长。

三、"双减"政策下校外培训机构治理的挑战与应对

伴随着"双减"政策的落地,校外培训机构治理再次进入新阶段。一项政策的出台具有价值负载,而政策环境中多元主体的不同利益会导致政策执行呈现复杂博弈的局面。从表面上看,校外培训机构的治理仅是针对培训机构的治理,但事实上,我国的校外培训总是与教育产业化、市场化改革、应试教育与素质教育、中产家庭焦虑、社会舆论导向等诸多问题捆绑在一起。政策所设想的"应然"状态能否成为"实然"结果,需要通

过细致、周密的政策执行措施来具体实现。此次"双减"政策对校外培训机构的治理无疑具有重要的变革意义,但要想实现政策制定的初衷,需要我们关注政策执行过程中可能面临的诸多挑战,并提前做好应对准备。

(一)坚持公益性原则下的分类监管

"双减"政策对校外培训治理的主要导向就是要坚持教育回归公益性。根据我国《民办教育促进法》第三条的规定:"民办教育事业属于公益性事业,是社会主义教育事业的组成部分。"校外培训作为民办教育范畴内的教育类型,其提供的教育服务内容理应具有公益属性。公益性即要求培训机构不能把追逐利润最大化作为唯一目标,不能把资本化运作和商业营销作为经营重心,而是要回归教育的本质和规律,回归到人才培养和建设上来。从目前我国校外培训机构的组成来看,既有营利性法人,也有非营利性法人,既有从事学科类培训的,也有从事素质类培训的,不论机构的法人属性和经营范围是什么,教育事业本身公益性的原则都应当坚持。在坚持教育公益性的前提下,面对我国种类繁多、规模各异的培训机构,未来的治理应当根据机构类型进行科学有效地分类管理。一方面,从监管对象上来看,通过科学鉴定学科类与非学科类培训机构并实施分类监管已成趋势。目前列入学科类管理的培训内容,主要是涉及我国义务教育阶段国家课程标准的部分,因为其影响到我国校内教育体系和升学考试制度,关系到我国整体教育生态问题,所以应强化监管措施。而对于体育、音乐、美术、科技创新等有助于学生全面发展和素质提升的培训内容则纳入非学科类进行管理,侧重鼓励和规范发展的导向。实践中,需要探索科学鉴定学科和非学科类别的标准并进行精准管理,防止出现机构打擦边球把学科类培训包装为非学科类培训进行违规经营的问题。另一方面,从监管主体来看,需要建立分工合理、职责清晰的监管体系。随着校外培训类型的多元化发展,传统的完全由教育行政部门进行管理的监管模式已经逐渐显现出无力感。未来的培训机构监管体系应当是体现专业化特征,区分文化教育、艺术辅导、体育指导、科技创新等不同类型培训,分别由教育或人社、文化旅游、体育、科技等部门对口管理,这样的监管模式既体现了专业性,又缓解了目前教育行政部门执法力量不足、监管能力有限的问题。地方政府应当牵头组织,协调不同行政部门之间的关系,明确各部门对校外培训监管的具体职责,构建彼此协调配合的执法机制。

(二)探索完善校外培训机构的转型及退出机制

根据"双减"政策的要求,此次对面向义务教育阶段的学科类校外培训机构实施严格监管,要求其转为非营利性机构、不得上市融资、周末寒暑假不得授课、实行政府指导定价等,这些要求将对学科类校外培训带来重大影响。面对此种局面,培训机构很可能选择转型为非学科类机构或者直接关闭退出市场。

学科类机构转型为非学科类机构,虽然说国家已经明确大的转型方向,如素质教育、职业教育、终身教育、家庭教育、助力校内教育等。但转型的具体模式和程序培训机构可能并不一定了解,这就需要政府为机构提供相应的政策指导和专业服务。例如,天津市和平区的"双减"工作专班即组织教育、审批、市场监管部门联合举办针对培训机构的服务指导课堂,为培训机构解读政策,厘清思路,指导企业在"双减"政策下如何退出、转型或规范。

如果机构选择退出市场,则需要我们提前防范退费纠纷产生的风险。培训机构可能因本身营业收入降低,办学支出过大导致面临退出窘境,此时退费很难顺畅进行,会造成家长财产损失,形成社会不稳定因素。从全国各地来看,之前针对倒闭机构采取的同行公益资助方式曾发挥了一定作用,但随着机构类型的多样化和家长需求的变化,能否有恰当、合适的同行机构承接倒闭机构的学生也逐渐成为问题,无法成为常态化的模式。未来在开展学费资金账户第三方托管进行预收费风险管控的同时,可以鼓励探索保险制度,引导国有大型保险公司开发教育培训安全保障责任类保险产品,特别是合同履约责任类保险,由社会分担风险。同时,为了尽量减少机构退出带来的社会不稳定因素,当消费者和培训机构发生退费争议时,应尽量引导其走法律途径,消费者可以与经营者协商和解,也可以向审批、登记部门投诉,或提起仲裁或诉讼解决纠纷。

积极应对培训机构员工转岗需求。校外培训机构面临学费收入减少的情况,可能会通过裁减人员来实现降低成本,继而可能引发机构人员讨薪、合同纠纷、再就业等不稳定因素。而事实上,这些人员普遍年轻有活力,学历水平较高,综合素质较好、具有一定发展潜力,是当前社会需要的人才。对于这部分人员,当地政府人力资源部门应联合人才就业服务机构做好岗位储备,满足其转岗需求。也可以通过官方渠道引入校内教育的课后服务或暑期托管岗位等,避免因人员失业造成社会不稳定和人才浪费现象。

(三)建立校外培训机构的协同监管体系

从目前已经出台的"双减"政策及陆续出台的配套文件来看,涉及校外培训机构治理的行政部门已达十余个。现代化的行政管理需求已经日益显现为综合性的需求,必须加强不同行政部门之间的协同,实现行政机构设置的优化与总体行政效能的提升。在校外培训机构的治理上,这一点显得尤为重要。

1.建立职责明晰、分工明确的监管体系

根据"双减"政策的要求,此次校外培训治理不仅仅是日常的规范监管,还将涉及审批登记、广告管理、金融监管、收费指导等多项重要变革。所以,校外培训的治理不仅涉及教育部门的日常监管,还涉及民政部门对学科类培训机构的登记,市场监管部门对非学科类培训机构的登记和收费、广告、反垄断等方面的监管。除此之外还涉及人民银行、银保监、证监部门对校外培训机构预收费的风险管控,发展改革部门对试点地区校外培训机构收费指导政策的制定。同时要求宣传、网信部门加强舆论宣传引导,公安部门做好相关涉稳事件应急处置等工作。

2.建立起彼此协调配合的监管机制

部门间的协调机制不仅能提高政府职能部门对教育的服务质量,同时也能提高政府职能部门的综合治理能力和管理效率。在此次培训机构的治理过程中,有很多环节需要行政部门之间的协调配合。例如,营利性培训机构转为非营利性培训机构,涉及企业性质的变更,需要原有营利性企业在市场监管部门注销,在民政部门重新登记为民办非企业法人,在教育行政部门重新取得办学许可证。这就需要市场监管部门、民政部门、教育行政部门彼此协调配合,在登记和审批的过程中保持培训机构相关信息的一致性。再如,实行学费监管的金融监管部门应定期将预收费资金信息和风险情况与教育行政部门共享。存管银行对纳入存管的预收资金实施常态化监测,当预收费资金出现异动时,及时提示教育行政部门,向社会发布风险预警。另外,为了防止机构突然倒闭退出,市场监管部门要建立对校外培训机构法人登记变更的监控体系,一旦发现异常要及时与教育行政部门或公安部门通报预警,防止机构责任人抽逃资金或跑路,导致学生及家长产生大额资金损失。

(四)合理利用校外资源发挥校内教育主阵地作用

"双减"政策从实质上要求加强校内教育的供给能力,但也带来很多实际问题,例如,校内教师的精力、水平和能力是否满足家长的需求?学校除了完成国家课程教学任务,其所承担的课后服务、暑期托管如果没有外部资源的支持恐怕无法长期维持优质高效的状态。这时,通过引入社会资源特别是校外培训机构的优秀资源,推动校内教育与校外教育的互相补充就显得尤为重要。

从近几年的发展来看,校外培训在创新教育理念,探索教学模式方面不乏值得借鉴的经验,可以发挥校外培训机构在科技赋能教育方面的优势。目前,校外培训机构在互联网、大数据、云计算以及人工智能教育场景应用方面已涌现出一批探索成果,地方政府可以提供路径,有效引导培训机构将业务从面向学生转向面向学校,从服务校外转向服务校内,为校内提供线上线下融合学习系统、教师作业批改系统、学情分析诊断系统、师生个性化匹配系统等,提升校内供给能力。另外,校外培训可以参与到校内的课后服务和暑期托管中。现实中,确有部分家长因为孩子放学太早或寒暑假无人看管而选择进入培训机构。此次"双减"文件再次提出了提升学校课后服务水平,满足学生多样化需求的要求。在学校资源有限的情况下,通过引入优秀的素质类培训机构进入校园,推动课后服务内容和形式更加多样化、丰富化和可选择化,也可减轻校内教师的工作负担。在自愿选择课后服务的前提下,形成多元化的费用分担机制,由家长和地方财政共同分担费用。

总体来看,校外培训的出现和发展受学校教育、家庭、社会等多方因素的综合影响,因此校外培训机构的治理不能局限于培训机构本身的治理。未来政策规范和引导的方向还包括校内教育教学的改革和对家长理念的引导。一方面,应充分发挥学校育人主渠道的作用,让学生在学校获得优质的教育资源,提升学习品质;另一方面,引导家长树立正确的教育观与成才观,遵循未成年人身心健康发展的规律和特点,理性看待校外培训的作用。"双减"政策下校外培训机构通过转型和治理,走向科学化、规范化发展的道路,可以在一定程度上满足学生对素质类培训个性化和多元化需求,助推学生德智体美劳的全面发展。

四、"双减"政策与未成年人保护

"双减"政策的制定带有强烈的关怀未成年人健康成长的色彩。过去十余年中,孩子们日益沉重的书包,课余奔波于培训机构之间的匆忙身影,疲惫、烦躁、孤寂的精神状态,无不阻碍未成年人的健康成长。"双减"政策的出台让我们看到了问题解决的可能。同样,"双减"政策的实施不能忽视未成年人权益保护。

(一)从未成年人保护的角度看"双减"政策的出台

为什么需要重视未成年人保护?未成年人身心处于发展过程中,如没有家庭、学校、社会的特殊保护,容易受到侵害。而且,一旦未成年人受到侵害,可能会给身心成长带来沉重、深远的影响。给予未成年人特殊、优先的保护,处理未成年人相关事宜时,坚持最有利于未成年人的原则,这是人权保障的基本要求。正如《儿童权利宣言》所说:"儿童因身心尚未成熟,在其出生以前和以后均需要特殊的保护和照料,包括法律上的适当保护。"《儿童权利公约》第三条也规定了"儿童的最大利益"的首要原则。

2011年8月,我国颁布的《中国儿童发展纲要(2011—2020年)》已经包括了"儿童利益最大化"和"儿童优先"的原则。2020年10月,我国对《中华人民共和国未成年人保护法》进行了修订,明确将"最有利于未成年人"确立为基本原则,并对"处理涉及未成年人事项",提出了如下原则性要求:"给予未成年人特殊,优先保护;尊重未成年人人格尊严;保护未成年人隐私权和个人信息;适应未成年人身心健康发展的规律和特点;听取未成年人的意见;保护与教育相结合。"这其中,第一项"特殊、优先保护"系新增,并作为首要要求;第四项中在"身心"后增加了"健康";第六项中将原有的"教育与保护相结合"改为"保护与教育相结合",强调保护优先。

"双减"政策的制定体现了未成年人保护的理念。教育措施需要"适应未成年人身心健康发展的规律和特点",不能拔苗助长。在家庭保护部分,修改后的《中华人民共和国未成年人保护法》在第十六条列举了父母或者其他监护人应当履行的监护职责,其第六项即为"保障未成年人休息、娱乐和体育锻炼的时间,引导未成年人进行有益身心健康的活动"。在学校保护部分,《中华人民共和国未成年人保护法》也拓展了原有的禁止加重学习负担的条款。修改后的《中华人民共和国未成年人保护法》第三十三条规定:"学校应当与未成年学生的父母或者其他监护人互相配合,合理安排未成年学生的学习时间,保障其休息、娱乐和体育锻炼的时间。学校不得占用国家法定节假日、休息日及寒暑假期,组织义务教育阶段的未成年学生集体补课,加重其学习负担。幼儿园、校外培训机构不得对学龄前未成年人进行小学课程教育。"如果说《中华人民共和国未成年人保护法》还比较宏观,"双减"政策则从作业量、作业方式、课后服务时间、学科类培训机构的法律属性和准入制度等方面提出了大刀阔斧的具体要求,其规制的广度、深度和手段都超越了我国以往的相关教育法律法规。

(二)"双减"政策的实施不能忽视未成年人保护

"双减"政策出台后,海南、北京、上海等地先后颁布实施意见,要求校内服务提质增效,对校外培训进行严格规范。在这一系列政策的影响下,学校调整到校上课时间,安排课后服务,着手教师轮岗;学科类校外培训机构改变课程定位和课程时间,修改培训材料,着手转登记为非营利机构;教育行政机关公布义务教育阶段学科类培训白名单,开展学科类培训收费监管,加强义务教育学校考试管理和课后服务,并进行督导活动。

值得注意的是,双减政策的实施仍要坚持《中华人民共和国未成年人保护法》中的最有利于未成年人的原则,在目前短时间内提供大量课后服务的过程中,也要积极预防可能侵害未成年人的风险。政府要求学校提供课后服务,提供经费保障,允许采用政府购买等多种形式,避免加重教师负担,如此方能保障未成年人在校接受教育的质量,保障未成年人权益。

课后服务需建立弹性化、多样化的选择模式。目前各地在开展课后服务的过程中采取了不同措施,有一些有益的探索值得借鉴。例如,被教育部确定为"首批义务教育课后服务典型案例单位"的上海静安区即探索出了能够切实保护未成年人权利,满足家长多样化需求的课后服务模式。上海市静安区第一中心小学的课后服务实行弹性预约制。在课后服务的时间上,家长可以对具体课后服务时间段进行自主选择全程参与或分段参与。在课后服务的内容上,学生可以根据自己的实际情况和兴趣爱好选择不同类型课程,享受个性化课后服务菜单。上海市静安区闸北第二中心小学利用现代信息技术,实现课后服务"一网一键式"的动态预约。北京的很多学校也有积极的探索。例如,北京大学附属小学在课后服务时段为学生提供了篮球、素描等几十门选修课供学生选择,更有丰富多彩的学生社团活动,学生自愿选择,自愿参与。当然,这些服务的提供也与学校本身的技术条件、师资力量和资源动员能力密切相关。因此,从政策执行的角度,应允许地方在大原则的指导下结合本地实际进行探索和实践。《中华人民共和国未成年人保护法》要求在处理涉及未成年人事项时,需要坚持最有利于未成年人的原则,尊重未成年人身心健康规律发展的特点,给予未成年人特殊保护和优先保护。"双减"政策本身以减轻义务教育阶段学生作业负担和课外培训负担为目的,更应在这一原则框架下,给予学生和家长更多的选择权。

学校在提供课后服务的过程中需要对安全管理给予特殊考虑。国家层面的"双减"政策出台于暑假之中,省市层面的课后服务要求多出台于开学之际,而且此次对课后服务的时间、内容、形式要求远远超过教育部2017年颁布的《关于做好中小学生课后服务工作的指导意见》(以下简称《意见》),因此很多学校的课后服务都是仓促上马,摸着石头过河,容易忽视服务提供过程中的安全隐患。例如,对于体育类的课后服务项目,学校需要询问家长学生是否有不适于该项活动的疾病;对于需要特殊材料或者特殊器械的课后服务项目,学校尤其需要关注产品质量安全;从学校教学到课后服务,从课后服务到放学的过程,都具有短时间内学生大规模跨区域流动的特点,学校需要加强对学生的安全教育,对学校空间内及放学区域的安全隐患进行筛查,并坚持安排人员进行现场疏导,避免可能的人身伤害甚至踩踏事故;学校需完善学生交接机制,如有学生未能按时到达对应的课后服务教室或者未能按时放学,相关教师能够第一时间发现,并及时联系家长,必要时启动学校应急预案。学校是我国学校课后服务的提供主体,这与海外一些国家由非政府组织利用学校场地提供课后服务的法律关系有所不同,因此学校对参与课后服务的未成年人仍然具有全面地教育、管理职责。

学校如通过购买服务或者引入志愿者、退休教师等方式提供课后服务,需要做好相关人员的背景查询、培训和管理工作。根据2020年修订的《中华人民共和国未成年人保护法》第六十二条要求,学校在招聘工作人员时应当向公安机关、人民检察院查询其所聘工作人员是否具有性侵害、虐待、拐卖、暴力伤害等违法犯罪记录,并每年定期进行查询,从而避免具有这些违法犯罪记录的工作人员接触到未成年人。当学校引入外部人员提供课后服务时，虽然一般并不构成劳动合同关系，但是会形成服务购买合同、志愿者服务协议或劳务合同关系。学校仍然是提供课后服务的责任主体，外部人员通过学校得以密切接触未成年人，因此学校仍需要履行其查询义务。此外，修订后的《中华人民共和国未成年人保护法》第十一条要求，密切接触未成年人的单位及其工作人员，"在工作中发现未成年人身心健康受到侵害、疑似受到侵害或者面临其他危险情形的"，具有强制报告义务。《中华人民共和国未成年人保护法》和《未成年人学校保护规定》还规定了学校需建立学生欺凌防控制度、预防性侵害、性骚扰未成年人工作制度。提供课后服务的外部人员也需要了解这些义务和相关制度，学校有义务对其进行必要的培训和管理。

总之，"双减"政策的制定和实施都应在"最有利于未成年人"的法律原则下进行，切实保护好未成年人的合法权益。

五、"双减"背景下教师队伍的新挑战、新机遇与新趋势

教师是承担教书育人、促进学生德智体美劳全面发展的专业人员，"双减"政策能否真正落地，能否真正取得成效，教师发挥着关键作用。

（一）"双减"给教师带来的系列挑战

《意见》明确要求，要强化学校育人主阵地作用，整体提升学校教育教学质量，减轻学生过重课业负担，确保学生在校内学足学好，提升学校课后服务水平，这给教师带来了系列挑战。

第一，课堂教学质量急需提升。"双减"减掉了学生、家长的负担，背后指向的是学校教育的"提质增效"，只有学校教育做到让学生在校内"吃得饱""吃得好"，才能满足家长、学生的个性化和多样性要求，促使"双减"有效落地。《意见》明确指出，"学校要严格实行零起点教学"，并要求"分类明确作业总量，确保小学一二年级不布置家庭书面作业，可在校内适当安排巩固练习；小学三至六年级书面作业平均完成时间不超过60分钟，初中书面作业平均完成时间不超过90分钟"。学生课外学得少了，课后作业时间也少了，意味着教师在课堂内要将新授内容与练习时间融为一体，才能达到"轻负高效"，实现高质量的课堂教学。同时，家长对"学史""学好"的标准各有差异，给教师分层教学、因材施教、提升课堂教学效率等方面都提

出了更高的要求。

第二,教学评价水平亟待提高。作业是重要的学生评价工具,是学生锻炼独立学习能力,理解、内化课堂知识的重要工具。做作业的过程,是学生从教师指导下的课堂教学向没有教师指导的自主学习过渡的过程,需要学校和教师给予充分重视。改革以前,完成作业占据了学生大量的时间,甚至不亚于课堂学习的总时间。"双减"政策下,学校作业改革将面临重大改革。《意见》明确要求,全面压减学生作业总量和时长。学校要完善作业管理办法、加强学科组、年级组作业统筹,合理调控作业结构,确保难度不超国家课程标准。因此,改革对教师的作业设计能力提出了更高要求。同时,《意见》指出"不得有提前结课备考、违规统考、考题超标、考试排名等行为",要求一二年级学生不得进行书面考试,进而对教师如何准确了解学情,合理地安排教学进度提出了新的要求。

第三,工作节奏更加紧张。为了切实减轻学生、家长负担,"双减"提出课后服务全覆盖。这就意味着。教师上班时间不变,而下班时间延后了,教师们的工作总时间自然就延长了,要投入更多的时间到学生的课后管理和活动当中去。虽然《意见》也提出,学校可以统筹实行"教师弹性上下班制",但目前的管理体制下,学校人员紧张,弹性上下班很难实现。工作时间问题将使教师更加紧张和疲倦,教师本职工作和生活之间的矛盾变得更加突出。未来,如何更好地在人员、经费、编制等各方面建立配套方案保障教师的权益,需要政府、学校、社会给予更多的关注和支持。

(二)"双减"是教师队伍建设的重要机遇

"双减"政策自颁布以来,受到了社会各界的高度关注。作为"双减"政策的关键执行主体和推动者,教师也迎来了新的发展机遇。

1.有利于提高教师的社会地位

尊师重教是中华民族的优秀传统。近年来,学校教育和教师的社会地位受到"影子教育"的严重冲击。《意见》要求,坚持从严治理,全面规范校外培训行为。学生回归学校,大量缩减了校外的补课和超前学习,一方面,促使学生的精力更加集中在学校以及课堂,进而促进师生间、家校间的交往更加深入和频繁;另一方面,校外机构的治理也能缓解家长的教育焦虑,促使家长更加理性地预期孩子的成长,寻求与教师形成教育合力,从而构建良好的教育生态,重振师道尊严,进一步提高教师的社会地位。

2.有利于改善教师的经济待遇

教师是一个需要付出大量时间、精力的职业,也是一个非常需要奉献精神的职业。近年来,学校教师待遇逐步提高,但相对教师群体的受教育水平和社会责任而言仍有差距。《意见》提出,对于参与课后服务的教师要给予经费补助,并且,"教师参加课后服务的表现应作为职称评聘、表彰奖励和绩效工资分配的重要参考"。同时,"双减"后将实施教师流动制度,并配套绩效工资和待遇上的政策倾斜。这些举措多管齐下,将有利于增加教师的工资待遇,提高收入水平,从而为教师安心从教,潜心育人创造更为坚实的经济基础。

3.有利于扩展资源、优化教师教育教学环境

《意见》指出:"课后服务一般由本校教师承担。也可聘请退休教师,具备资质的社会专业人员或志愿者提供。"同时,指出"做强做优免费线上学习服务。利用国家和各地教育教学资源平台以及优质学校网络平台。免费向学生提供高质量专题教育资源和覆盖各年级各学科的学习资源"。"适当引进非学科类校外培训机构参与课后服务"。这就意味着学校在人员和资源方面都有更大的空间和力度从校外引入,为学校教育教学注入新的元素和活力。这能够为教师带来新的理念、方法、技术以及工具等,有利于教师发挥创造性,实现高质量的教育教学。

(三)"双减"背景下加强教师队伍建设的建议

"双减"意味着教育的重新回归。学校回归育人的主阵地,教师回归育人的关键主体。面对改革带来的变化和挑战,教师群体应将挑战转化为机遇,善于在机遇中开创新的局面。秉持成长型思维,及时调整,快速发展,大力提升教师核心素养,提高作业设计水平和能力。第一,深刻认识"双减"的重大战略意义。"双减"是党中央站在中华民族伟大复兴的战略高度做出的重大部署,是党代表最广大人民根本利益的深刻体现。"双减"政策对于从根本上促进教育公平,确保优质教育资源面向最广大人民面非部分群体,确保教育的公益属性具有重大意义。广大教师要自觉将思想认识与实际行动与党中央相统一,提高政治站位,理解政策的内在逻辑与重要内涵,不得从事校外有偿补课行为,坚决守住"底线",提高自身的判断能力,增强改革的定力,更好地在教育教学实践中运用创新的理念开展工作,创造新的方法和教育教学模式。

第二，提升教师教育教学能力和育人水平。"双减"构建了基础教育发展新的格局，突出强调了学校育人主阵地的地位。为了培养德智体美劳全面发展的学生发展学生的核心素养，教师首先要不断提升自身的核心素养，这是学校教育教学质量提升的根本保障。作为教师，不仅要提高教学技能，大力提高课堂教学效率，还要围绕"双减"政策要求，学习前沿的教育教学理论，提升理论素养。充分钻研教材教法，积极开展主题化、项目式学习活动。突出学生的学习主体地位，推进分层教学，加强因材施教。

第三，提升教师评价素养。教师要增强作业设计和管理能力，基于课程目标进行系统性作业设计，避免重复性、机械性的练习，注重作业类型多样化，规避刷题式的作业模式，降低作业总量，提高作业的训练效果，针对学生的差异性、设计不同类型的作业，实现教学、作业和评价的一体化，依托信息技术平台确保学校作业数量可控制作业品质有保障。逐步完善科学有效的校本作业体系。教师应为学生提供必要的方法，让作业成为提升学生自主学习能力的工具。同时，教师要全面改变对学生的评价理念，实施"学生多元评价"，对多元评价的内容、维度、标准操作等有更深入的掌握和了解，为学生制定科学的评价方案，尽量对每个孩子做到精准了解，对不同类型的学生开展增值性评价，客观判断不同学生的成长，让每个孩子都能"看见自己"，激发孩子向上的信心，帮助孩子成为最好的自己。

第四，提高家校沟通能力。家庭是孩子的第一所学校，父母是孩子的第一任老师，家庭教育对于孩子的成长有着不可估量的作用。学校教育要取得良好效果，离不开家长的支持和配合。教师要与家长建立和保持良好的沟通，形成合力，才能最终促进孩子的成长。"双减"政策背景下，家长可能看不到孩子的"分数""成绩单"，对于孩子的在校表现和发展程度没有以往直观的了解，这就需要教师经常地通过图片、视频、活动、家访等多种方式向家长反馈学生在校的表现，向家长解读对孩子"多元评价"的结果从孩子的性格特点、行为习惯、特长爱好、人际交往等多维度全方位给予反馈，让家长对孩子的成长能够做到"心里有数"，从而减轻和缓解家长的焦虑情绪。同时，教师应注重引导家长形成科学的教育理念，给家长指导和普及一些科学实用、容易操作的家庭教育方法，帮助家长将更多的精力转移到培养孩子健全的人格、建立和谐的亲子关系、了解孩子的个性特点、激发孩子的潜能等方面来,帮助家长解决孩子成长和发展的难题。

第二节 高中语文教学管理概述

一、语文教学管理的内涵、类型与意义

语文教学管理有其特定的内涵,从不同的角度可分为多种类型,每种类型都有自身的特点。成功的教学需要良好的语文教学管理,亦即课堂教学管理是教学取得成功的必要条件。

(一)语文教学管理的内涵

"课堂教学"是一种有组织的教学形式,是师生之间的一种特殊的交往活动。"语文教学管理"是对这一特殊交往活动的组织、协调、保障和促进的一系列活动。一般意义上讲语文教学管理是指教师为了保证课堂教学秩序和效益,协调课堂中人与事、时间和空间等各种因素及其关系的过程。简言之,就是保障和促进课堂教学有效实施的一切活动。

有关研究将语文教学管理分为宏观、中观和微观三个层面:在宏观层面主要是指以国家教学管理部门为主体对课堂教学的宏观把握、规范与导向,制订相应的语文教学管理制度,如对教师课堂教学用语、禁语和奖惩权力的规定,对从事课堂教学的教师做出明确的知识、能力和品行等结构性要求,从事课堂教学的教师职业资格审定与颁发,为教师自身发展提供政策和环境的支持,为课堂教学目标达成及其质量做出相应要求和规定,在整个社会环境中引导和融入尊师、重教和爱生的风气等一系列的宏观性课堂教学管理活动。中观层面的语文教学管理是指在学校教学管理部门以及各级地方教育行政部门,结合当地实际和学校现状,对本校、本地教学制订和实施相关的管理方案。如本地、本校教学进度,教学目标要求,为师生制订一些大致的教学规则,形成统一的课堂纪律模式,评估和监控课堂教学质量。管理主体主要是学校和地方一级的教学管理部门,如教研室、教务处等对教师课堂教学的协调与组织提供建设性意见。微观的语文教学管理是指在课堂中针对师生共同面对的一堂教学课,对课

堂环境的建构、课堂气氛的营造、课堂具体问题的解决、课堂教学目标的顺利完成与检验等各方面的协调与组织,其主要特点是教师和学生作为课堂教学的管理主体直接参与,并主要通过师生互动合作实现具有情境性的管理。

语文教学管理概念中含有以下几个重要的因素:一是语文教学管理目标。语文教学管理的目标主要是为保证课堂教学的顺利进行,促进学生知识、技能和人格的全面发展,即课堂的终极目标是教育或教学目标,而直接的目标是课堂秩序的维护和促进;二是影响课堂教学秩序的因素。课堂中,教师通常把影响教学秩序的责任归咎于学生,而很少寻找自身的原因。事实上,影响教学秩序的因素应包括教师因素、学生因素和环境因素。调控好了这些因素及其关系,教学活动的顺利开展、教学质量的提高、教学目标的达成就有了根本性的保障;三是语文教学管理的理念不仅仅是教师对学生行为的控制,而应当是对学生行为的一种促进,是对学生行为的激励和鼓励,最终使学生能由他律转向自律,从而有利于学生的成长。

微观层面的语文教学管理,就是师生对在课堂这一场所中包含了诸多具体的教学因素及各相关因素所形成的各种关系进行协调、控制、整合和优化,使之能形成更好的有序整体,达到更好的教学价值与效果的过程。首先,从语文教学管理的内容上来看,语文教学管理可分为教学进度管理、课堂纪律管理和课堂文化心理结构三方面。教学进度管理主要体现在教师教学空间、时间、节奏和教学激情度等方面的管理,包括教师把握学生差异性、实施因材施教、教学反馈、教学诊断等方面;课堂纪律管理主要指对课堂出现的常规性和偶发性问题的合理解决、保障教学进度、营造有效教学气氛等;课堂文化心理结构的管理主要是为前两者服务,通过形成良好的课堂教学传统和课堂教学文化对学生正向熏陶。从语文教学管理的实施角度来讲,主要包括课堂教学中对教的管理和对学生学的管理。在教的管理方面,包括对教师角色规定、教师教态、教学技巧和教学效果的要求和引导,对教师在课堂中的教学行为表现做出适当的规定;对学生学的管理需要根据学生个体特点、学科要求和课堂环境因素,对教学过程进行有效的组织、协调、决策和优化,建立必要的课堂常规,并对偶发的课堂问题行为进行必要的控制,合理地安排课堂教学时间与空间,使得参与课堂教学的个体能在课堂教学中促进知识的传授、情感的体验和价值观的形成。

语文教学管理对教学活动的效果产生着十分显著的影响。有了良好的课堂教学管理,教学才能得以顺利进行,教师的教学积极性得到提高,学生的学习积极性也得到相应的激发和提高。不少研究者对此进行了比较深入系统的研究。有研究者把语文教学管理理解为教室管理,也就是处理课堂教学环境中的人、事、物等因素之间关系的活动,这种观点更体现出一种对教学环境的控制与管理;也有人把语文教学管理看成一种过程,是教师通过协调课堂内的各种教学因素,从而有效实现预定教学目标的过程;还有人认为课堂管理是一种技术和艺术,是教师管理教学情境,掌握指导学生学习行为,艺术地组织教学过程的活动。在国外,语文教学管理主要是源自课堂管理的概念,比如:约翰逊等人指出:"课堂管理是建立和维持课堂群体,以达成教育目标的历程";古德(C. V. Good,1973)提出:"课堂管理是为了实现教育目标而处理或指导课堂活动所涉及的问题,如课堂纪律、民主方式、教学质量、环境布置及学生社会关系等";埃默(E. T. Emmer,1987)认为:"课堂管理是指一套旨在促使学生合作和参加课堂活动的教师行为与活动,其范围包括物理环境的创设、课堂秩序的建立和维持、学生问题行为的处理、学生责任感的培养和学习的指导";莱蒙齐(Umlech,1987)主张:"课堂管理是一种提供能够挖掘学生潜在能力和促进学生学习进步的良好课堂生活,使其发挥最大效能的活动";薛夫雷兹(Shafriu,1987)认为:"课堂管理是教师运用组织和程序,把课堂建设成为一个有效学习环境的一种先期活动和策略"。这些定义大多从语文教学管理的对象角度,分析了语文教学管理的内容层面,规定了课堂教学所必需的"纪律、秩序维持,行为控制,环境建设,提高教学效率"等方面。

综上所述,语文教学管理是师生共同参与,彼此交往,有目的、有计划和多维度地协调课堂内外各种因素,生成性地实现教学目标的活动。在课堂教学管理过程中,通过师生共同努力综合组织调动多方面教学力量,发掘、利用和协调课堂中各种教学资源,为教学提供有益的课堂环境,形成和谐的课堂氛围,顺利开展课堂教学,并全面实现课堂教学价值。

(二)语文教学管理的类型

长期以来人们进行了多种多样的语文教学管理的实践,总结了丰富多样的课堂管理经验。下面列举一些比较典型的语文教学管理类型。

1.权威型管理

教师的管理乃是控制学生在教室里的行为。教师的角色是在教室中树立一种规矩,而且能使每个学生遵守。这种管理模式强调规则的尊严。在这种管理模式中,整个课堂完全是由教师负责的,因而,教师负有控制学生课堂行为的全部责任,而教师控制学生行为通常是通过建立和强化课堂规则和有关规定来实现的。因此,课堂教学管理过程被视为教师对学生课堂行为的控制过程,强调教师对于运用控制策略建立和维持课堂秩序的重要作用,而且较多地采用主控的方式来控制学生,规则倾向于周密而严谨,约束多,而弹性少。权威型课堂管理强调规则、指令与要求,注重惩罚和控制。[1]

2.恐吓型管理

这种管理模式与权威型管理模式有些相似,也是强调如何控制学生在学习过程中的一些行为举止。与权威型管理模式不同的是,教师采用的是恐吓手段,如讽刺、嘲弄、强制、威胁、不赞成、不同意。教师的角色是强迫学生在恐惧的心态下服从课堂规范,否则便要受到惩罚。在教师的批评下,学生的内心受到压制,他并不明白自己为什么错了,会产生逆反心理。在以后的课堂中,他仍会表现出影响课堂教学的错误行为。

3.放任型管理

这种管理类型的教师意识淡薄,工作责任心较差,他们在课堂上表现为只顾讲课、不顾效果、放任自流,对于学生在学习过程中出现的问题漠不关心,也没有积极的课堂管理要求。学生表面上得意自在,实际上求知需要得不到满足,通常产生对教师不尊重的后果。在放任管理的课上,学生的学习动机与学习热情低,教学效果很差。

它强调学生的个人自由和个人选择,完全凭学生自己发展,让学生自己做出决定,对自己的行为负责。教师允许学生按其兴趣和需要做他们想做的事情,对其行为不给予任何的指导。教师的作用在于促进学生的自由,促进其自然发展,因此,要求教师尽可能少地干预学生的行为,主要是放任学生自行处理。同时,课堂规则不宜过多,给学生拥有较多的行为空间和较高的自由度。

---

[1] 窦冰,顾丹霞,王锡强.语文教学管理研究[M].长春:东北师范大学出版社,2015.

4.独断型管理

这种管理类型的教师对学生的课堂表现要求严厉,但这种要求通常只根据教师个人的主观好恶确定,忽视学生的具体实际和教学目标的具体要求。在独断型管理的课堂上,学生的意见得不到充分发表,且学生通常有一种紧张感、压抑感,容易导致课堂管理的形式主义倾向,教学效果降低。

5.民主型管理

这种管理类型的教师在语文教学管理活动中,积极、认真、宽严适度,善于通过恰当的启发与指导,保证语文教学管理的有效性,语文教学管理的具体措施,都考虑到班级的具体情况,学生对这样的教师既亲又敬。在民主型管理的课堂上,学生学得主动愉快,课堂教学效率高。

6.情感型管理

教师对学生充满爱的情感可达到不管而管的效应。教师一走进课堂时,目光中就闪烁着从内心流溢出对学生的喜爱,教学时语音和表情是那么亲切,并善于发现学生的优点和进步,经常从内心发出对学生的赞扬,学生的积极性不断受到激发。也许在离下课不久有个别学生不知不觉地搞起小动作,教师也许只是微微地"嗯"了一声,当这位学生注意到教师后,教师还是带着那种甜蜜的微笑,向那位学生眯眯眼睛,这位学生红着脸又专心上课了,直到下课。如果从教学的各种技术方面去分析,情感型语文教学管理也许并没有什么独特之处,然而,谁都会深深感到这种课还是存在着一种显著的特征,即师生之间自始至终洋溢着那种亲切、喜爱的感情。在这样的课堂教学中,谁还会在课堂上有意去违反纪律呢?教师对学生、学生对教师都具有浓厚的感情,不仅促进了语文教学管理,而且对教育教学具有强烈的推动力,能够激发学生的学习热情,并有利于培养学生的思想品质、道德情操。

7.理智型管理

运用这一管理方式的教师在教学活动中,教学目标非常明确具体,对每一教学过程都安排得科学、严谨、有条不紊,并能采用相宜的教学方法,什么时候讲述、什么时候板书、什么时候让学生自己思考、什么时候练习等都安排得非常妥帖,一环紧扣一环。同时,善于根据学生在学习过程中的各种反馈(表情、态度、问答、练习等)调整教学内容的难易程度,并掌握好教学进程。总之,这种管理体现出教师在教学活动中高超的技能技巧,教学活动的科学性;学生的学习活动完全在教师的把握之中,学生认真专注地紧跟教师的思路进行学习并敬佩自己的老师,课堂气氛显得较为庄重、严肃。

8. 行为型管理

行为型课堂管理基于行为心理学原则,认为无论是良好行为还是不良行为,都是通过学习获得的。学生之所以有不良行为,要么是因为他已经习得了不良行为,要么是因为他尚未习得正常行为。这一模式坚持两个主要的假设,即学生受行为过程的制约,学习在很大程度上受环境的影响。因而,教师的主要任务在于掌握和运用行为主义原则对学生的课堂行为正确实施积极强化和消极强化,鼓励、发展期望行为,削弱、消退非期望行为。行为型课堂管理强调榜样力量、行为强化和心理辅导。

9. 兴趣型管理

这是指教师善于运用高超的艺术化教学,以激发学生兴趣并通过美感陶冶来进行语文教学管理。高超的艺术化教学表现在教师用形象的语言、从容的教态、精美的板书和多变的教学节奏,根据学生的兴趣和爱好,鲜明、生动、有趣地表述出教学内容,并能从审美角度对教学进行处理,使之具有美感,学生能在上课中得到美的享受。当教师开始上课时,通常采用新颖别致而富有吸引力的"导语""故事""例子"等来展开教学,从一开始就让学生觉得有趣,从而吸引学生的注意力。在其后的教学过程中,不仅表现在教学方法的灵活多变,而且表现在富有启发性、趣味性、节奏感的教学语言,从而完全把学生吸引住,达到语文教学管理的目的。

10. 教导型管理

教导型课堂管理认为认真设计和实施的教学可以预防和解决大多数课堂行为问题。有效的行为管理是高质量教学的必然结果。因此,教师的作用在于认真设计教学,使教学变得有趣,也就是要让教学适宜于学生的能力与需要,为每一个学生提供获得成功的恰当机会,激发学生的兴趣与动机。教导型课堂管理注重课程教学设计和学生能力兴趣,注重课堂环境和教师明确而积极的指导。

11. 关系型管理

关系型课堂管理侧重于健康的课堂心理气氛,认为有了健康的课堂气氛,学生的学习便会自动产生,也就不会产生问题行为。而健康的课堂心理气氛主要靠良好的师生关系和学生同伴关系来建立。因此,建立良好的、积极的师生关系和学生之间的关系,促成建设性的课堂气氛,便成为教师的中心任务,也是人际关系型课堂管理的主要内容。关系型课堂管理强调真实、民主、交流和理解。

12.群体型管理

群体型管理是一种建立在社会心理学和群体动力学原则基础上的课堂管理模式。它基于这样的认识:学校教育产生于特殊的群体环境—课堂群体中,教师的主要任务是建立和维持有效的、积极的群体;课堂群体也是一种社会系统,具有所有社会系统共同的特征,有效、积极的课堂群体决定于与这些特征相一致的特定条件,教师在课堂管理中的任务就在于建立和维持这些条件。群体型课堂管理强调人际期望、领导行为、真诚接纳和课堂内聚。

(三)语文教学管理的意义

良好的语文教学管理是保证课堂教学活动顺利进行和促进课堂不断生长的动力。语文教学管理的意义可以归纳为以下几个方面。

1.语文教学管理是提高教学质量的重要保证

课堂既是学生学习和活动的场所,也是学生人格社会化发展和成长的主阵地。为了使各种课堂教学活动有计划、有效率地开展,课堂就必须维持一定的秩序与常规。但由于课堂活动过程中经常会出现各种新的问题,产生各种冲突与矛盾,发生各种偶发的干扰事件,使课堂教学活动的正常进行受到干扰,因此,及时预见并排除各种干扰课堂教学活动的不利因素,有效维持正常的课堂活动秩序,对于课堂教学活动的进行具有重要意义。大凡有经验的教师无不十分重视语文教学管理,有效的语文教学管理也是搞好教学的保证,它可以为教师的教和学生的学创造一个良好的氛围与环境,使师生关系趋于和谐,教学活动得以顺利开展,从而确保教学任务的完成和教学质量的提高。

2.有利于减少或清除学生的课堂问题行为

学生的课堂问题行为可以分为外向性问题行为和内向性问题行为。外向性问题行为是直接干扰课堂正常教学活动的攻击行为,这些行为是容易被察觉的,主要包括粗暴、相互争吵、挑衅推撞等对抗性行为;交头接耳、高声喧哗等扰乱秩序的行为；出怪声、做怪样以惹人注意的行为；语言粗俗、顶撞其他同学及教师盲目的逆反行为；迟到、早退、随意离开课堂、随意走动等抗拒行为等。内向性问题行为是不容易被察觉，对课堂教学活动正常进行不构成直接威胁的退缩性行为，主要表现在课堂上心不在焉、胡思乱想、发呆、做白日梦等注意力涣散的行为；害怕提问、抑郁孤僻等厌恶行为；神经过敏、烦躁不安、频繁活动、胡乱涂画等不负责任行为等。外向性课堂行为直接威胁课堂纪律，干扰课堂秩序；而内向性问题行为虽不直接威胁课堂纪律，不直接影响他人学习，但对教学效果和学生学习质量的影响很大，对学生个人的人格发展也有较大的危害。语文教学管理就在于促进学生产生有助于学习的行为，减少或消除学生的课堂问题行为，使教师能顺利进行教学，学生能专心学习，以达到教学的目的。

3.有助于促进课堂教学的持续性生长

课堂教学活动的最终目的是促进师生共同发展。"教学相长"在今天看来，其含义就是指教师与学生的相互影响和相互作用会促进彼此的进步。二者的进步当然离不开良好的课堂教学环境，只有课堂在生长，课堂中的人才能得到生长，课堂的生长是课堂中人的生长的前提，同时，课堂的生长又为人的生长创造了条件。促进课堂的生长，增强语文教学管理的指向性功能，也是语文教学管理的基本目标，语文教学管理就是要调动各种可能的因素，开掘课堂的活力，发挥其生长功能。如果失去了这一生长功能，课堂气氛就会变得单调，课堂缺乏应有的活力，从而也谈不上促进人的发展。

二、语文教学管理的理论基础

语文教学管理虽然是一个实践问题，但却有着深厚的理论基础。如果能依据相关的心理学、社会学、哲学、生态学理论进行管理，那么会使管理行为更为合理、有效。

（一）语文教学管理的心理学基础

自冯特建立第一个心理实验室以来，心理学的发展为教育教学的科学化发展产生了积极的推动作用。在语文教学管理环节中也不例外，不少人从组织行为学或管理心理学的角度探讨了语文教学管理问题。把心理学作为课堂教学管理的理论基础，我们将更加关注课堂环境中师生心理现象及其规律,更加注意如何对课堂行为正确归因并做出合理的心理解释。心理学的研究为语文教学管理确立了一种新的研究思路。心理学家桑代克在其《教育心理学》中确立了一种客观的研究精神,将课堂诸现象解释为刺激一反应的联结,以行为主义为代表的心理学对人的行为的关注这一理论研究范式的确立及其在课堂管理中的应用,使课堂管理在科学化的轨道上逐渐走向深入,并在以后的几十年中占据主导地位,成为课堂管理研究的主要理论来源。在20世纪60年代,由于认知心理学和人本主义心理学在教育理论及教育改革中优势地位的获得,语文教学管理理论产生了一种新的范式的转换,如认知心理学强调从对人的认知分析入手,试图使学生了解语文教学管理的一般规范,理解教师课堂教学管理行为的原因与方法,从而使学生形成自觉的课堂行为,并由认知逐渐形成积极的师生关系,维持与促进课堂秩序,如向学生说明行为的目标,使学生明了其行为与结果之间的逻辑联系,进而产生教师所期望的行为;而人本主义心理学则从对学生的需要、潜能的分析入手,对人的行为产生的原因和发生机制进行研究,进而将这种研究运用于课堂,如格拉舍(Glasser)的现实疗法就强调将课堂建设成一种积极的、富有启迪的教育环境,教师应向学生提供最好的机会去发掘隶属感、成就感和积极的自我认同。心理学的研究范式与研究思路也为课堂管理提供了方法论指导,使课堂管理有了自己的基本理论和研究范式。既然心理学是语文教学管理的主要理论依据之一,课堂教学过程中的心理过程、心理特征及课堂中特有的心理结构必然进入课堂管理首要的研究范畴。教学活动包括人的智力因素和情感、意志、行为、个性倾向性(需要、动机、兴趣、理想等)和个性特点(性格、气质等)等非智力因素的参与,忽视非智力因素或者忽视智力因素都是片面的,都将影响语文教学管理的操作,甚至严重影响课堂教学质量。就学生而言,课堂教学是对其进行知识传授,形成一定的情感、态度和价值观的最主要的活动。因而在语文教学管理中需要同时注意学生的智力因素与非智力因素,从学生思想品质、学习热情、学习态度和学习风格等多方面形成学生的完美人格。就教师而言,教师所掌握的专业知识、能力结构是课堂教学顺利开展的必要条件,然而心理学研究表明知识、智力因素超过一定的水平后就不再起显著作用,而其他非智力因素开始对教学效果起着决定性作用,在课堂管理中学生对教师的信任和教师自身的威信更多的来源于非智力因素。按照心理学对非智力因素的分类,一般包括情感发展水平,如倾向性、深刻性、表达性、自控性等;意志发展水平,如独立性、自觉性、自制力、持久性等;个性倾向性,如需要、动机、价值观、兴趣、理想等;个性特征如性格、气质、习惯等。就家长而言,家长对子女的抚养方式、家长的个性心理特征对学生在课堂中的表现都会产生影响,家长属于校外群体,家长的帮助在课堂教学管理中能起到辅助性的作用。在语文教学管理的过程中最重要的一环是师生彼此的对话与交往,并通过交往达到师生互动。有研究者认为,师生在教育过程中的交往结构是相互影响、信息流、相互认识三个主要侧面和个性、角色、群体三个主要层面构成的"三侧面层面的三棱柱体"的心理交往模型:语文教学管理的实质就是在这各个层面上展开的师生交往,是为实现这些交往而建构合适的条件以促成这种教学交往。

(二)语文教学管理的社会学基础

从社会角度看,课堂是一种特殊的社会系统,是一个微型社会,是社会大系统中具有特殊功能的一个小系统。在这个系统中,教师、学生和环境之间不断发生作用,经常也会产生不可回避的矛盾和冲突。社会学的原理与研究对于语文教学管理的启示是很有借鉴价值的。因为课堂亦是一个微型社会,教师与学生在其间彼此共生与互动。这一互动不仅促成了多种多样的课堂景观,而且使课堂呈现出复杂的社会特征。

1.功能主义理论

功能主义特别强调社会结构中的每一部分对于社会整体生存所发挥的作用,认为社会的组成及其生存方式同生物体非常类似。此外,功能主义认为,每一个社会都有一共同的文化,这是一种社会成员共享的价值或伦理准则。只有当社会成员之间具有共同的认识、共同的态度和共同的价值观,才能减少社会的冲突,社会才能维持其稳定和谐,才能发展。对于教育而言,就是要使个体社会化,培养人们具有共同的信念、共同的态度和统一的价值标准,使社会的共同价值内化于个体之中,促使社会成员对不断变化的社会在思想、态度方面能保持和谐一致。

功能主义对于课堂管理的启示在于:首先,教师在课堂管理中要注重课堂中的文化建设,建构共同的信念与价值系统,使课堂成为一个和谐的共同体。为此,教师要有意识地在学生中培植理想与努力方向,建立起明确的目标和共享的价值体系,并对学生如何获取这些价值体系给予足够的关注,对价值系统做持续不断的研究。教师还要善于在宏观背景下组织学生行动,并注重培养行动过程中畅通的交流渠道,通过交流让师生分享活动过程中的经验。这样不仅能够传达课堂中发生的事情,还有助于认识各自的角色及其关系,并最终形成团体的意义,使课堂中的所有成员形成共同的认识与信念。有了这一和谐的共同体,就能减少或避免课堂中的冲突与混乱,形成课堂中的内聚,促进课堂教学的顺利进行。其次,课堂亦是一种微型社会系统,包含着物理的、认识的、社会的、情感的等多种因素,这些因素都处于整个系统内复杂相连的各个环节中,任何一种因素的变化都将对整个系统产生影响。同时,其功能的发挥取决于这一系统结构的整体优化。因此,教师在课堂教学管理的过程中,就要对课堂教学环境进行积极的改造,对各种因素加以调适和整合,使课堂中各种因素结合成一个统一整体,并达成协调一致,从而适应课堂系统的整体而达到平衡。

2. 冲突理论

冲突理论兴起于20世纪60年代。它不像功能主义那样坚持现状、强调和谐的观点,而是把研究重点放在冲突斗争的社会历程及社会的不和谐、不平衡状态。

冲突理论认为,每一社会的每一方面都在变化,社会变化是普遍存在的。社会在变化过程中,每时每刻都会出现分歧和冲突,社会冲突亦是普遍存在的,冲突是社会生活中一种自然的和不可避免的现象。同时,冲突并不是统一和秩序的对立面。即使在高度凝聚的社会关系中也存在着潜在的紧张和间发性的冲突,冲突和统一都是正常的形式,是互动形式的不同方面。正是社会结构中大的矛盾和冲突,才导致社会结构的不断变迁。教师希望把学生当作一种材料来塑造,按照自己的意愿来培养学生;而学生则欲求依照自己的方式自动地求知。因此,教师为了维持纪律以增进学习效率,就要采取适当的控制方法,如命令、训斥、惩罚、监督等对学生严加管教。正是这种强制关系,才使课堂中的秩序得以平衡。

3. 管理互动理论

管理互动理论是20世纪70年代后兴起的一种注重对具体情况进行解释性分析的社会学理论。它强调对现实本身的剖析,并重视探讨通常现实的过程和存在于这一过程中的主观目的性与交互作用。这一理论认为人既是行动者,又是反应者,人对外界环境做出反应,不只是物理性的,而更多的是通过语言、手势、表情等这些表达思想的管理做出反应的。人总是生活在一个象征管理相交往的世界中。对于学校或者课堂而言,它们也都是由一个表达一定的社会意义的各种管理所组成的管理环境,学校生活或课堂生活的过程实际上是教师与学生之间以管理为媒介的社会互动过程。在这一过程中,学生了解和解释周围的环境,从而发展自我。

(三)语文教学管理的哲学基础

1.存在主义哲学

存在主义强调世界万物的存在只有一个基础,那就是人的存在。先有了人的存在,然后才有了对外界事物的说明和解释。人的本质不是预先给定的,而是偶然的,是人通过自己选择而创造的。也就是说,人首先存在着,然后通过自由的选择去决定自己的本质。每一个人都在他独特的存在与"有"中自我设计、自我创造,自己规定着自我。对于教育而言,人是教育的主体,教育者应该为学生创设一种生存环境,激发学生的生存意识,帮助学生认识"人的存在",真正领会生活的价值,投入到有意义的生存中去,并实现"自我完成"。

存在主义在强调"个人的自由选择"的同时,认为这种自由只是个人的自由选择,即个人对自己所做的一切负责。因为人的存在是由他的行动构成的,人的本质取决于他的行动的意志的独特性。每一个人都有充分的行动和意志的自由,但每一个人都必须对自己的行动承担责任。对于教育而言,教育者应该允许学生"自由选择",同时也要求学生承受自己行动的后果。教育的任务并不是要学生去接受一些永恒的法则,而是使学生学习有利于认识自我和发展自我的原则,并使他们在自我发展中学会对自己的选择负责。

此外,存在主义在人与人的关系问题上,强调"我与你"主体对主体的关系。对于教育而言,教育应该把学生当作一个独立自主和自由发展的人而不是物来看待,应该与学生进行主体与主体间的"对话",通过"对话"把知识"提供"给学生而非传授给学生。教师还必须通过自己真诚和负责的态度激励学生,建立民主平等和互相作用的师生关系。

存在主义对于课堂管理的启示在于:首先,教师应为学生创设一种让学生"自我完成"的课堂环境,更多地赋予学生富有弹性与变化的空间,提供学生建构课堂生活意义的自由,而不应事先对课堂及其意义给予虚构或自行设定。其次,教师要为学生的自由选择提供机会和条件,鼓励学生思考,允许学生尽可能地自我表现和自我选择。教师还要培养学生的责任意识和负责的态度,引导学生对自己的选择及行为负责。再次,教师要破除"个人专制",创造一种民主和谐的课堂气氛,以一种创造者和激励者的角色进行"生产性"而非"复制性"课堂管理,使课堂成为对话或交流的互动场所,而不是主体对客体的指挥控制,更不是教师把自己的价值观念和行为准则强加给学生或者迫使学生服从。

2.结构主义思想

结构主义强调,世界是由各种"关系",而不是由各种"事物"所组成的。事物脱离了关系就变得没有意义。结构就是"一种关系的组合",整体对于它的部分具有优先的重要性,只有通过对于对象各部分之间的关系的研究,才能适当地解释整体和部分。对于教育而言,就是要树立整体的观念,以一种"找出事物之间有意义的联系的方式去理解"。

结构主义认为,结构具有"整体性、转换性和自动调整性","是由具有整体性的若干转换规律组成的一个有自身调整性质的图式体系"。整体性说明结构有其组成规律、程序和过程;转换性说明结构是一个变动的体系,它遵循一定的转换规则而变动;自动调整性说明结构有运动变化的能力,在结构执行转换程序时具有自身的调节机制,而不会违反结构变化的法则和规律。

结构主义对于课堂管理的启示在于:首先,教师要把握课堂的整体结构,对于课堂中发生的事情,要从课堂各事件之间的关系中去考察,而不能武断地就事论事。同时,也要考虑对于某一事件的处理将对整体所要产生的影响和带来的变化。其次,教师要树立课堂的自组织观念。一个好的课堂是具有自组织的,具有自动变化的能力,而不需要教师时常的守护与管束。正是这一自组织能力促进课堂的不断完善与不断延伸。因而,教师应在整体性原则指导下,促进课堂随其关系的变化而不断转换,使课堂成为一个高度创造性的、高度交互作用的组织系统,并最终促成课堂的自组织。

3.后现代主义思潮

后现代主义是20世纪后半叶流行的一种世界性的哲学、文化思潮。

从后现代主义思潮得到的启示是：首先，课堂教学中也存在着矛盾和冲突，这些矛盾和冲突经常因课堂成员相互间的不理解和难于交往或难于"对话"变得更加复杂。课堂管理就是要在课堂中建立一种自由开放的沟通网络，营造一种"话语"氛围，寻求课堂成员间不受威胁的合理交往与心灵对话，而不是动不动就下命令指使对方。通过对话和交往使师生间获得共同的价值观，通过理解达成交流的认同和普遍的共识，从而构筑课堂中的和谐的"新理性"图景。其次，纪律不是由教师从外部强加，更不是把所有的主体划归单一统整的大众，而是通过学生的自我监督来维持。此外，后现代主义为如何确定教师在课堂中的角色及权威提供了反思。它要求教师从外在的权威转化为内在的权威，从单一的供给转向情景共存。语文教学管理更多的是让学生得到解放而不是得到限制。

(四)语文教学管理的生态学基础

课堂是一个特殊的生态系统，同样也是由生产者、消费者和分解者之间相互作用，通过食物（知识、情感、态度、价值观）关系构成食物链和食物网，它们之间及它们与环境之间进行物质循环、能量流动和信息传递，以维持生态系统的稳定和繁荣。也就是说，持续不断的物质循环、能量流动和信息传递是一个生态系统长期生存和发展的基础，它自然也是系统管理协调系统的主要内容。在课堂生态系统内部，各种生态因素相互作用、相互影响，不断进行着物质的流动、信息和情感的交流，在这种不断地输入和输出过程中，通过涨落、组织而实现系统在时间、空间与功能上的有序和稳定，最终实现它基本的内在功能—育人功能。

语文教学管理创新的目的是实现课堂生态系统的自主管理，通过促进和维持课堂生态，发挥生态系统的基础性功能。

1.生态系统的物质循环

在自然生态系统内部，由生产者、消费者和分解者（还原者）构成生态系统的生物成分，其物质循环即组成生物体的基本元素在生态系统内部的生物与生物之间、生物与环境之间所形成反复的循环运动。课堂生态系统的物质流动指的是课堂环境中自然物质因素在课堂生态内的流动，它发生在课堂环境与生态主体之间以及生态主体与主体之间,包括教师与环境之间、学生与环境之间、教师与学生之间以及学生与学生之间等几个方面。这些自然物质因素主要指自然物理因素和设施设备因素。物理因素固然是课堂生态的重要环境因素,但它是相对稳定的。而我们更多关注的是师生在教学活动中使用的教具、学具、仪器设备、图书资料和教学媒体等设施因素。因为这些物质因素是知识信息的载体,它在教学活动中发生流动,从而实现课堂生态系统内的物质循环。课堂生态系统内的物质流动绝不是机械的,也不是自然发生的,它是建立在师生关系平等和生生合作的基础之上的。只有课堂生态内的各种环境因素得以优化,学生个人空间适宜而又能充分合作,班风正、学风浓,师生关系融洽,生生关系和谐,课堂气氛活跃,学生保持旺盛的精力和浓厚的学习兴趣,课堂生态系统内物质的流动渠道才会更畅通,作用才能得以充分的发挥,课堂教学的效果才会更好。

2.信息交流是课堂生态中的必要因素

有系统必有信息教学过程中所使用的多媒体及其他教材教具是语言文字的载体,充分发挥课堂信息交流、物质循环的作用。生物在信息的影响下做出相应的反应及行为变化。生态系统的各要素在信息影响下,各居其位,各司其职,按照控制论的观点,正是由于这种信息流,才使生态系统具有自动调节机制,以维持生态系统的平衡与稳定。课堂又是进行信息交流的主要系统,在课堂教学过程中,这种信息的交流不断发生在师生之间、生生之间以及师生与环境之间。教师在课堂教学的各个环节中,通过借助各种教学仪器备条等教学手段,伴随着有声无声的语言的形式,无时无刻不在给学生传递着知识信息;学生之间通过合作性互动,在不断的讨论、沟通、对话、应答、评价与帮助中,使个人对知识的理解更加丰富和全面;同时,学生的学习并不是简单机械的被动接收过程,而是一个积极探索、主动获取知识信息的过程,他们与课堂环境之间也不断地进行着信息的交流,通过这种交流,学生知识变得丰富,智力得以发展,能力得以培养。

3.情感互动是课堂生态必须发挥的又一功能

所谓课堂生态内的情感交流,即课堂教学过程中各生态因子特别是师生和生生之间的情感沟通过程。在课堂教学活动中,教师、学生和课堂环境是教学中情感现象的三个源点,当课堂教学活动开始的时候,这些情感因素便在教学情境中被激活了,并以情感信息的形式,伴随着认知信息的传递、人际情感的交流,在课堂生态内部的各种生态因素之间发生流动,从而形成情感交流的良性循环的动态网络。课堂上教师的微笑、叹息、幽默、语调、语速等无不带有强烈的感情色彩。教师情绪良好,精神振奋,热情洋溢,通过这种情绪的感染作用,学生就显得轻松愉快,积极地参与课堂教学过程。相反,学生就会产生无所适从的压抑感、危机感和不满情绪。同时,学生学习积极性高,课堂气氛活跃,对教师的教学行为也有明显的影响,它可以促进教师更好地组织教学内容和调整教学方法,从而加快和提高教学的进度和效果。另外,学生之间也通过讨论、交往以及回答问题不断地相互影响,时时刻刻地进行着情感的交流。学生健康情感的培养既是我们教学的有利条件,更是我们教学的重要知识。

重视学生的认知过程,忽视学生的情感生活,正是传统课堂的最大弊端。注重和加强课堂生态的情感交流,让课堂充满着关爱和友谊、自由和民主、理解赏识和尊重信任,建立融洽和谐的师生关系、生生关系,形成团结奋进、积极向上的课堂气氛,通过感染和熏陶,学生就能形成积极的人生态度,获得丰富的情感体验,思想道德和情操水平也得以提升。

第二章 "双减"背景下教师工作负担及其化解

第一节 教师工作负担理论框架

一、风险管理理论框架概述

风险管理是预先运用各种管理策略和方法,把风险可能导致的不良情况减至最低的一种系统化管理过程。1955年,施耐德教授第一次提出"风险管理"的概念。此后,学者们开始以跟踪不确定性风险的产生和控制为目标,探索包括对风险的量度、评估和应对策略在内的风险管理过程,进一步提出风险管理的研究框架。直到1989年,罗伯特·查雷特(Robert N. Charette)提出风险分析、风险调控两个阶段的风险管理模型,学界开始用具象化形式解读项目的风险形态。巴利·玻姆(Barry W. Boehm)于1991年用风险评估取代了风险分析阶段,而风险评估和风险调控两阶段又包含着管理技术的四个重要子集,即风险识别检查、风险优先级划分、风险管理计划和风险监控,这是对风险管理两阶段论的继承和发展。

随着研究的深入,研究者们对风险管理阶段的划分也更加精细和多元。纽约大学坦登工程学院的查尔斯·塔皮耶罗(Charles S. Tapiero)教授以事前风险管理、事后风险管理和风险稳健三个阶段进行风险管理模型设计,认为风险是不可完全消解的,通过风险管理可以将其负面后果降低到可承受的水平间。1997年,拉尔夫·克里姆(Ralph L. Kliem)和埃尔文·卢丁(Irwin S. Ludin)在《降低项目风险》一书中以风险识别、风险分析、风险调控和风险报告四个阶段构架起新的项目管理模型。同年,克里斯·查普曼(Chris Chapman)提出风险管理过程中定义、聚焦、识别、结构、所有权、评估、评价、计划、管理九阶段的流程图,以高度组织化的阶段划分为风险管理提供可靠的分析模型。2005年,约翰·弗雷泽(John R. S. Fraser)

等通过研究实施全面风险管理应关注的问题点,归纳出建立业务环境、识别风险、评估和控制风险、迁移/治愈风险五阶段模型,成为风险管理理论成熟的重要推动力量。如今,风险管理过程三阶段和四阶段划分法是学界最普遍使用的模型。①

二、风险管理理论框架对研究教师工作负担风险的适切性

经过半个多世纪国内外研究者们的不断补充和完善,风险管理作为研究复杂社会问题的理论,被广泛运用于社会学、管理学、经济学和教育学等多学科领域中。这一理论的关键在于将机构内各个层次、各个种类的风险进行通盘管理,强调一种集成的、战略性的、覆盖全范围的系统化管理范畴,广泛融入对一切利益相关者的关注,针对不确定的不同方面预先制定风险管理战略,以便于开展更加全面的风险管理。

风险管理理论作为本研究的理论基础和研究框架具备一定的适切性。首先,该理论论述了一种集成式、系统化的风险分析和管理思想,这为教师工作风险的来源分析和化解策略提供了多元化的视角。教师工作负担存在外显型风险和内隐型风险,其形成原因是多方面的、具有复杂性的,需要通过多元角度、多重因素对其进行分析和分析。同时,教师工作负担的风险化解和规避也需要教育系统中参与成员的协同合作来完成。其次,该理论强调预先运用管理策略把风险的不良后果减至最轻,这种对风险进行预期性的管理和控制,在风险管理的时间节点上为"双减"政策中教师工作负担加重的风险分析与化解提供了思路。当前,我国"双减"政策正处于颁布的初期阶段,在落实行动尚未成熟的前提下,预先对该政策背景下的教师工作负担进行风险分析与管理,能够抓住先机迎接挑战,从风险中开拓新方向,提高教师减负工作的韧性和实效。

本研究基于我国"双减"政策中学校教师工作和职责的新要求,针对可能给教师带来工作负担加重的风险进行识别,结合社会教育的现实情况加以全方位分析,从而提出可行的风险管理和化解策略。同时,我们必须明确教师工作的风险是不稳定的动态存在,因此风险管理是按照风险识别、风险分析和风险化解三个阶段循环往复的过程。

---

① 马大建.校长成长 教师成长[M].郑州:大象出版社,2015.

第二节 "双减"背景下教师工作负担分析

风险管理理论要求我们在风险发生前或风险发生的初期阶段,运用感知、判断或归类等多种方法,持续识别所面临的外显的现实风险和内隐的潜在风险,从错综复杂的大环境中系统分析风险发生的不确定性因素。当前,"双减"政策正处于颁布的初期阶段,各项举措的落实尚未成熟。在此背景下,教师工作负担的风险具有不稳定性和可变性,外显型风险较为显著,成为风险管理的主要着力点,同时内隐型风险也需提前发现和预先管理。因此,现阶段的风险识别和分析应是一个连续不断的系统化过程。

一、教师工作负担的外显型风险

"双减"政策重申学校的教育主阵地作用,学校承担的责任越多,就越容易引发教师工作负担的连锁风险。政策中特别提出教师必须参与课后服务、轮岗流动等要求,给教师工作带来最直接、最显著的风险主要体现在以下几个方面。

(一)课后延时服务"5+2"模式使教师工作时间延长、工作任务加重

"双减"政策一经发布便得到各省的积极响应,首要任务就是落实课后延时服务。为保障开学后义务教育学校课后服务的全覆盖,广东省、江苏省等多地教育厅在2021年秋季开学前印发的推进课后服务水平的《实施意见》中强调,在每周一至周五的5天里,学校每天至少开展两小时课后服务。而且结束时间要依照当地的正常下班时间灵活调节,实行弹性离校机制,对有特殊需要的学生,学校提供延时托管服务。提供延时服务的学校从原来下午3点半至4点放学延长服务至下午5点半到6点,甚至还会更晚,这无形中延长了教师在学校的工作时间。一直以来,教师群体身负育人重任,工作时长也通常远超8小时。"双减"政策下,教师要将额外的时间和精力用于学生的课后辅导,原本可以自由安排的时间被分割,教师的备课、科研甚至休息的时间被大大缩减。同时,这也对教师自身不断提高工作效率、处理好工作与生活的时间关系提出了新挑战。

除了工作时间延长以外,课后延时服务的实施内容也将使教师面临工作任务增多的风险。作为校内教育教学的重要延伸环节,在延时服务的内容上,《意见》要求教师强化基本托管服务中的作业管理,另外还要求教师发挥创造性,自主研发丰富多彩的兴趣小组和社团活动,在满足学生多样化需求的基础上,增强课后服务的吸引力和素质拓展的有效性。这使得教师在常规的教学任务结束后还要负责开展课后辅导和兴趣活动,校内工作量必然会增加。教师不仅要进行学科内容的备课、批改作业,还要花更多的心思在开发趣味性和创新性的课后服务活动上,这在一定程度上加重了教师的工作负担,甚至会影响教师的工作情绪与态度。

此次"双减"并非首次提出课后服务,早在2017年教育部就曾颁布《关于做好中小学生课后服务工作的指导意见》,明确了中小学校在课后服务的主渠道作用,教师应主动承担的课后服务责任。据教育部官方统计,截至2021年5月底,全国共有10.2万所义务教育学校开展课后服务,共6496.3万名学生、465.6万名教师参与了课后服务。其中,师生的参与率均高于50%,课后服务工作取得重要进展。经计算,在课后延时服务中平均每位教师需对接约14名学生,无疑是教师工作负担增加的表现。学校实行课后服务"全覆盖"以及可能提供寒暑假的服务,这些都并非"看管"性质的服务,而是教育、成长与发展性的服务。教师不应成为替家长看护孩子的"保姆",因此,学校在课后延时服务的方案设计中尤其要关注师资安排的问题。[1]

(二)跨区、跨校交流轮岗制度导致教师工作的不稳定性攀升

在促进义务教育优质均衡发展方面,"双减"政策强调了学校开展义务教育优质均衡创建工作的必要性。北京市率先采取行动,在新学期大面积、大比例推进校长和教师轮岗制,以区域内校长交流轮换、骨干教师均衡配置、普通教师派位轮岗三种形式展开。在教师层面,规定在公办学校内距离退休时间超过5年并且在同一所学校连续工作6年及以上的在编在岗教师,原则上都要参与交流轮岗。交流轮岗主要包括两种类型:一是在城区完善学区和教育集团内校际的师资交流轮岗;二是在区域、校际、集团之间借助双师课堂等方式向薄弱学校和地区输出优秀教师。除北京外,上海、深圳、武汉市武昌区等地也迈出了教师轮岗的改革步伐。

---

[1]罗华勇. 教师成长之路 高中语文生态有效课堂教学研究与反思[M]. 成都:西南交通大学出版社,2017.

义务教育学校教师轮岗交流,在健全优质教育资源共建共享机制的同时,也使教师工作面临更多不稳定因素的风险。首先,教师按照规定每6年就要到另一所学校交流轮岗,交流的年限尚不确定。原来学校的同事和学生都已熟识,在新学校中面临新的未知,轮岗教师对新学校的文化存在一个心理适应和认同的过程,教师需要花时间重新认识同事、学生以及家长,有时会力不从心,这是教学环境的不稳定性。其次,有些教师原工作学校离家比较近,上下班方便,若参与跨区交流,路上通勤的时间可能将有所增加,加之交通不便等问题导致工作中被动因素的不稳定性。部分教师为了轮岗到自己心仪的学校,可能会寻求一些特权,导致轮岗学校安排出现徇私偏向。诸如此类的问题都将致使教师工作的不稳定性增加。此外,在这一制度实施以后,轮岗教师在新环境中的福利待遇问题、职称评聘问题、编制管理、体制转变等问题如何解决,如果缺乏教育行政部门联动机制的支持,会在一定程度上加剧教师轮岗的不确定性。

可以预见,我国未来将有越来越多城市实行教师跨校、跨学区流动制度,充分发挥教师轮岗交流的实际效能。因此,当前亟须对由此引发的教师工作不稳定风险进行系统审视和优化。

(三)社会不同立场群体对教师的过度期望削弱教师工作的自主权

"双减"政策中指出,教师要提升课堂教学质量,要强化对作业完成的指导职责,提升学生在校学习效率。学生的课业负担过重一直是近年来教育改革中最实际也是最突出的问题之一,教师在教育改革中的重要地位受到社会公众的支持和认可,不论是其承担的工作本身,还是教师自身职业素养都成为社会关注的焦点。但是,社会公众通常把为学生减负的重任完全施加在教师身上,寄托于教师超出工作职责的期望。加之目前校外培训机构受到更加严格的管理和控制,课后辅导压力将更多地向教师转移,使教师不得不被动承担更多的工作责任,这些都在一定程度上削弱了教师职业的自主权。

伦理学视角下"自由与责任是不可分割的,没有自由就没有责任"。教师承担相应的教学育人职责,采取一系列教学行动的过程必须是自主自觉的,且不能受到外力的强制与胁迫。当前,教师工作的自主性依然没有得到广泛接受与高度尊重,有时甚至会受到全社会的干预和监控。尽管学校、家长和普通社会公众等各个社会群体都有权对教师的工作发表评论和建议,以此进行监督,也可以通过各种方式参与到学校教育实践和改革之中,但他们并不能将教育下一代的责任完全施加给教师,或对教师的教学实践进行实质性干预,这将使教师内心感受到来自社会各界的压迫感和束缚感,导致教师思考需求的消退。

除此之外,有关政策文本中几乎很少涉及"教师的自主权"这一维度,教师的教学管理规程、教师的评价及职称晋升等都交给学校主管,由各地政府集中控制,教师更多的是政策的被动接纳者。这些都将导致教师工作自主性的缺失,从而影响教师在现实工作中追求内在的"自我实现"。

二、教师工作负担的内隐型风险

"双减"政策引发教师工作负担的风险,不仅体现在教师延时工作增加、教师轮岗流动不稳定等这些比较直观的方面。随着教培行业受到更加严格的管理,校外培训机构的教师队伍削减,教辅人员面临新一轮就业问题,同时为学生进行课后补充性辅导的任务也将归到校内教师身上,可能占用教师的生活和休息时间,这些也从侧面隐含着教师工作负担的内隐型风险。

(一)学科类培训机构教师再就业,加剧教师工作的竞争压力

"双减"政策从多个维度对义务教育阶段学科类培训进行全盘规范,监管力度空前,规定校外培训机构不得占用国家法定节假日、休息日及寒暑假期组织学科类培训,这一政策的出台和实施使学科类培训机构整体业务大幅减少。同时,许多提供学科类辅导的培训机构野蛮竞争的现状得到治理,经营性学科培训行业将不复存在,学科培训也将逐渐回归其应有的本质和目的。

"双减"政策颁布后不久,以字节跳动教育板块为代表的多家在线教育培训公司纷纷对部分业务:部门进行了人员调整,开启大规模裁员,有些公司将运营、教研、教师、销售等基础岗位员工全部辞退,只留下管理层以及产品设计部门员工,导致不少岗位的工作人员面临失业。这部分教培行业中被裁掉的员工在选择未来的就业出路时,难免会考虑下一份工作的稳定性和职业内容的关联度。公立学校教师岗位是公认的"铁饭碗",因此也将是多数教培教师再就业的首要选择。相关部门也十分鼓励经验丰富的培训机构教师进入公立学校授课,这意味着大批拥有多年教

学经验的准教师们将涌入考编大军之中,考编人数越来越多,竞争也将日益加剧。

近年来,许多高学历的名校毕业生被教培行业吸纳,经过裁员后,这部分人才将逐步转移至教师队伍中。那么,在未来学校中,教师职称评审的竞争将愈发激烈,晋升标准等也有难度增加的可能,教师必须付出更多的努力,迎接这些未知的风险。

(二)教培行业的教职人员需求锐减,教师工作的吸引力降低

根据比较权威的求职招聘平台"智联招聘"的数据,教培行业在7月份发布的招聘职位数比"双减"政策颁布前三个月相比,下降了32.4%,超过四成的教培行业人员选择转行,这一数据向2022届师范毕业生预示着毕业后即将面临相对沉重的求职压力。教培行业在此前很长一段时间内一度成为吸纳师范类专业毕业生就业的蓄水池,更因高额的薪酬获得许多"双一流"高校毕业生的青睐。当前,教培行业的教师人才需求锐减,使得师范类专业的大学生们重新思考职业规划,面临就业新抉择,有些应届毕业生可能会选择备战公务员考试、应聘企业等其他岗位。

"双减"政策落地实施,培训机构部分教师开始转岗、转行,教师工作的吸引力也因此减弱,较为典型的表现是今年下半年教师资格考试的报名人数呈现略微回落的趋势。根据江西省教育考试院发布的数据,在2021年下半年的中小学教师资格考试笔试中,全省报考人数较去年同期增加15027人,增幅为6%。这一增幅较过去两年已有明显降低。而在教育发展速度较快的北京,根据北京教育考试院社考办统计,2021年下半年教师资格考试北京地区近9.2万人报名,与2020年同期相比出现小幅下降。

师范类专业学生在毕业后可考入公办学校编制或者到教培机构就职,较其他专业来讲,职业发展方向相对明确,一直是高考生选择的热门专业。就目前来看,师范类专业毕业生的就业范围有趋向紧缩的迹象,校内教师也将承担更加烦琐的工作任务。这些都将影响师范类专业的报考率,原本热度高涨的师范类专业对学生们的吸引力也将出现降低趋向的风险。

（三）教师工作与生活的边界模糊，教师工作、家庭和生活间矛盾凸显

"双减"政策中指出，学校主导的课后服务有场地、资源、师资、管理等多方面优势，其中有很大的创造空间，教师要有效实施各种课后育人活动，这是促进学生发展、减轻校外培训负担、解除家长后顾之忧的关键举措。尽管有些学校开始实行教师弹性工作时间制，但要完成教学备课、作业批阅、家校沟通、个性帮扶等工作，每天的实际工作时间会远超8小时。长此以往，教师工作与生活的边界将会趋于模糊。

针对校内工作任务烦琐、任务结构不合理、非教学工作量偏高等一系列问题，教师不得不把工作延伸到下班后，导致他们放在家庭和个人生活上的精力相对减少，引发各种矛盾。根据研究者近期对全国8个省份的中小学教师工作、生活状态的调研结果，教师在校工作时间较长，还普遍存在加班的情况。其中，班主任的加班问题更加突出。从现实层面来看，"双减"政策中为教师设立更多的要求，这将导致教师在工作、家庭和生活中间更加难以划分边界，尤其是父母双方均为教师的家庭，可能会面临工作与生活之间矛盾加重的风险。

第三节 "双减"背景下教师工作负担化解措施

风险管理理论认为，风险是一种独立于人的意识之外的绝对的客观存在，尽管可以发挥人的主观能动性和创造性去改变风险出现和发生的条件，进而降低风险导致的损失程度，但不可能让风险完全消解，因此风险管理的对象主要是不利风险，也称作"纯粹风险"。"双减"政策指向的是教育改革的系统性命题，由此引发的教师工作负担的风险，是教育界难以回避的现实问题，必须采取合理的方式方法进行化解。只要教师职业存在，其工作风险必将相伴而生。因此，在教师工作负担风险具有不确定性的前提下，需要学校、家庭和社会三方联动，以学校层面的风险控制为基本核心，以家庭层面的风险分散为基础保障，以社会层面的风险分散为必要补充，多主体协同助力教师工作中纯粹风险的化解。

一、学校层面的风险控制——基本核心

(一)鼓励全体教职工积极参与课后服务,明确职责范围,为教师分担压力

课后延时服务应遵循学校主动承担、教职工集体参与、学生自愿等基本原则。学校在提供延时服务期间应开放校内的资源场地,如教室、操场、图书馆、运动馆、实验室等,鼓励包括学校教学辅助人员、学校行政人员、后勤人员在内的全体教职工积极参与到课后服务中,为学科教师分担工作压力。学校可以在作业辅导的基础上,开展文体类兴趣拓展、益智游戏、综合实践等多样化服务。

同时,学校要厘清校内教育与校外教育的边界,在推进"双减"政策的课后服务时,要把握好校内教育的"可为"和"不可为",进一步细化校内教育的服务内容。合理规定教师的岗位职责和工作时限,适当减少程序烦琐的评比和检查活动,降低产出要求,减轻教师的工作强度,减少不必要的额外工作任务。

(二)实行弹性工作时间等灵活的管理机制,给予教师更多自由空间

为了缓解教师在校内超负荷工作的压力,学校可统筹安排教师实行"弹性上下班制",保障教师合法的休息时间。由于各个学校的师资力量和教师人数各不相同,各学校需结合实际情况,为不同学科的教师合理规划弹性上下班的时间,增强教师工作时间的灵活性,重拾教师职业吸引力。学校可以采用"核心工作时间"与"弹性时间"相互衔接的方式,即教师每天的工作时间由"核心工作时间"(教师每天必须按时到校的时间)+"前后两头的弹性时间"(教师自由支配的上下班时间)组成。

学校要为教师安排能力范围之内的教学任务和课时,尽可能地让教师自由分配工作时间,帮助教师优化时间管理,以便教师能够在更从容的状态下参与课后服务,激发他们的专业发展动能和教育教学热情,提高工作效率和效果。

(三)学校收入的分配向增加教师薪资福利倾斜,提供必要的物质保障

《中华人民共和国教师法》明确规定:"教师的平均工资水平应当不低

于或者高于国家公务员的平均工资水平,并逐步提高。"近日,相关部门再次提出"确保义务教育阶段教师平均工资收入水平不低于当地公务员平均工资水平"。据教育部官方数据统计,去年义务教育财政性教育经费为2.24万亿元,占财政性教育经费的52.3%,其中用于教职工工资福利支出的比重为63.9%。[1]

提升教师福利待遇,校方有着义不容辞的责任。学校在各项收入的分配上,要向提高教师福利待遇倾斜,保障教师合理的劳动收入。学校在核定绩效工作总量时,依据课后服务性质,全面考虑教师参与课后服务的因素,把用于课后服务补助的经费额度,作为教师绩效工资增量并予以单列。学校通过多种渠道解决教师的基本住房和基本生活需求,要建立帮助教师解决实际生活困难的长效机制,健全教师的福利保障,确保教师劳动的应有所得。

二、家庭层面的风险分散——基础保障

(一)明确家庭教育的重要性,承担的角色、责任与义务

家庭教育是学生减负必不可少的环节之一。在《中华人民共和国家庭教育促进法》中明确规定,家庭教育以立德树人为根本任务,尊重未成年人身心发展规律和个体差异,遵循家庭教育特点,贯彻科学的家庭教育理念和方法。因此,家长要明确家庭教育的关键性作用和应承担的角色、责任与义务,树立正确的家长教育理念,丰富家庭教育的方法和知识储备,充分发挥家庭的教育职能,密切配合学校教师的教育教学工作,共同引导学生主动成为生活和学习的主人。

在校内的课后延时服务结束后,学生回归到家庭中,其监督责任就转移到家长身上。家长应在学生放学后监督学生进行相关课业学习。家庭教育也体现在积极鼓励学生在家中从事一些力所能及的家务劳动,进行课余时间的体育锻炼、阅读和兴趣活动等。家长要牢固树立立德树人意识,高度重视培养学生的现代生活理念国,着眼于学生身心的健康成长,科学合理安排作息时间。

---

[1] 毛振明. 领会"双减"深刻意涵助力学校体育改革[J]. 上海体育学院学报,2021,45(11):4-6.

(二)给予孩子更多亲情关爱,家庭情感交流促成良好的家风家教

"双减"政策之下,家长要理性确定孩子成长预期,合理引导孩子的身心发展,给孩子自由成长的空间。在家庭生活中,家长必须理解和尊重孩子的内心需求,防止过度施压或放任不管。在关注孩子心理情绪的前提下,积极与孩子沟通,让孩子感受到来自亲情的关爱和家庭成员之间亲密的情感,增强家庭的凝聚力,形成良好的家风家教。

家风是家庭生活方式、社会文化氛围的重要体现。家庭成员的品格修养、认知水平和道德情操对孩子是一种耳濡目染的隐性教育,家长的言传身教对孩子有着强大的感染力,在无形中影响着孩子的行为规范和道德情操。家长要重视家风建设,以家庭美德塑造孩子的优质品格,为孩子真正拥有轻松、愉快的学习和生活提供有力保障。

三、社会层面的风险分散——必要补充

(一)提供社区假期托管服务,帮助学生更好地融入社会

社区是集合社会各项资源、便利大众生活、为居民就近提供公共服务的重要载体。社区在学校放假期间向学生们提供托管服务,契合学生利用假期认识社会、接触社会的需求。在市委、市政府、教育局等多部门的支持下,由社区开设寒暑假托管班,负责社区内学生的暑假和寒假托管,方便家长接送。

社区托管服务以社区为主体,招募有相关经验的社区志愿者参与管理与服务,则不存在强制学校教师参与的问题,而且更具社会教育性质。学生放假在家,既拥有了充足的休整时间,也能够在课余时间了解社会,以便更好地融入社会。因此,社区的托管服务也应区别于学校的课后延时服务,在提供基本照看服务的同时,积极整合区域优质资源,开放社区内的公共场所,包括图书馆、阅览室、科技馆、体育场馆等,尝试进行一些具备拓展性的社会教育活动,为学生提供绿色安全的休息娱乐场所。

(二)充分利用少年宫等社会资源开展实践活动,促进兴趣学习和资源共享

"双减"政策中提倡以少年宫、青少年活动中心等活动场所为校内教育的必要补充,拓宽课后服务的渠道。目前,少年宫、青少年活动中心等机构积极响应国家政策,全面优化课程结构,暂停原有的学科类培训服务

内容,拓展兴趣培养、社会实践等多个领域。青少年活动中心将开设体育、音乐、美术、科技、信息技术等综合素质类课程培训,组建社团开展兴趣课程、公益社会实践课程等,发挥社会教育对学生兴趣学习的促进作用。同时,结合学生的兴趣和实际需求,少年宫可以利用周末和节假日开展猜灯谜、演话剧、书法、创意绘画等特色课程,组织一些可以让家长和孩子共同参与的更有社会意义的活动,提升整个社会的文化层次和水平。例如,上海市虹口区青少年活动中心就以"云端少年宫"为纽带,借助技术手段挖掘在线特色资源,实现了线上线下的双线同步和区域内学习资源共享。

四、三方联动、多主体协同的风险分散

(一)构建"三位一体"的教育格局,形成教育合力

"双减"政策的落实,除了需要学校和教师的努力,更需要家长的理解、支持和社会成员的配合。学校需完善与家庭、社会的合作范式,达成减负共识,在与家庭、社会的对话中协同发展,更好地发挥整体效益。学校可以依托家长委员会、家长座谈会、家长沙龙等渠道,为教师搭建与家长沟通交流的桥梁。以上海市宝山区"未来学校"为例,学校积极探索全区内的教研深度合作,建立由教育专家、教研员、名师联合组成的"全学科教研共同体",在实现区域优质资源共建、共治和共享的同时则,也为教师课后服务能力的提升发挥集体力量。

在"双减"政策对校外培训机构进行严格管控后,家长要明晰社会中的培训机构所真正具备的育人条件和应承担的育人责任,纠正过去将孩子完全交给培训机构进行辅导的一些误解。同时也要密切与社会的沟通,与社会教育相互依存、相互贯通,共筑减负教育的大厦。社会要协助家庭与学校,构建"三位一体"的教育格局。依托社会教育平台,广泛开展各种教育合作与教育实践,密切与家庭和学校之间的相互配合,构建全方位、立体化的"三位一体"教育格局。社会各系统要承担起教育的社会责任,提供必要的物质资源、人力资源以及学习资源,让具有教育经验的社会成员积极参与到社区教育的专职或兼职人才队伍中,为家庭和学校分散育人压力,最终促进教育社会化的实现。

(二)教育行政部门沟通区域内服务资源的调配与合作

教育行政部门是沟通学校、家庭和社会的黏合剂,可以统整区域内学校、社会的课后服务课程开发,实现课程资源的区域调配和共享。以武汉市东湖高新技术开发区为例,其通过绘制学校周边范围内的教育资源地图,为各年级学生开发实践课程,以其优越的地域科技教育资源为孩子打开放眼世界的窗口。同时聘请各行各业的研发者、建设者或领军人物,让他们带着自己的专业知识走进"智慧课堂"。

同时,教育行政部门还可以开展提升教师课后服务能力和水平的针对性培训,协助学校教师对家庭教育、社会教育进行指导,抚平学校、家庭和社会中的教育焦虑,激活家、校、社共育磁场。

此外,可尝试以区(县)为单位引入支持学生个性化学习的信息技术,通过技术赋能减轻教师工作负担。如石家庄市第一中学利用信息化手段实现了作业、限时、考试全数据化,学生根据系统推荐进行个性化练习,精准解决学习痛点,拔高学习短板。这一举措在减轻学生课业负担的同时,也在一定程度上简化了教师评价过程。以大数据、信息化等技术赋能教与学,在师资、技术相对薄弱的学校可能难以以学校为主体实现,但是可以区(县)为单位联合社会、高校等可提供技术服务的组织机构为区域内的学校提供整体支持。

第三章 "双减"背景下普通高中语文课堂教学决策

第一节 普通高中语文课堂教学决策的理论依据

一、决策理论

(一) 理论综述

决策理论是20世纪40年代后发展起来的、综合运用系统论、运筹学、计算机科学而形成的、有关决策过程、准则、类型及方法的、较为完整的理论体系。

当代决策理论将古典决策理论与行为决策理论相结合,从完全理性到有限理性,从确定型决策到不确定型决策,从个体决策到群体决策,从单方决策到互动决策,由单目标系统问题向多目标问题决策扩展,定性决策向定性决策与定量决策相结合、与计算机技术紧密结合发展。其基础是效用理论,从决策者的行为出发,重点研究决策者对任务环境的影响因素的评估,是关于决策者个人心理行为反应的定性决策,表现在对决策者个人主观意愿的测验与反应。当代决策理论认为,实施和控制方案也是决策的一部分,决策方法更具系统性、动态性、信息性。所谓系统,指决策是由相互依赖相互作用的若干部分构成的,是具有特定功能的有机整体。用系统的思想和方法分析系统内部各要素间的结构关系,寻求决策目标、决策准则、决策环境以及内部条件之间在整体上的动态平衡,进而取得令人满意的成果。许多重要的决策都不是孤立进行的,当前的决策一般都要考虑今后的决策。所谓动态,指决策是由从前到后、互为衔接的一些程序组成的过程。动态性表现在时、空两个方面。从时间上看,系统的状态不是静止的,而是随时间的变化而变化,应重点分析系统结构及功能的动态情况;空间上,系统内部诸要素间及系统与环境间不断交换能量和信息,系统在开放与动态中形成新的稳定与平衡。所谓信息,是指决策必须掌握资料数据,收集传递、加工、处理和应用信息。充分掌握信息可以使决策有依据,更加准确及时,否则通常会导致失误。

决策通常是人们在不确定环境下进行的,决策者实际的决策行为受其认知、主观心理等因素的影响,后续的研究主要采用实证的方法,研究决策者实际的决策过程。其包括描述真实的决策行为,归纳决策行为的特征,从认知和心理两方面给出合理的解释,提炼行为变量,改进理性决策模型等。由于问题本身存在随机性、模糊性,信息本身存在不完备、不精准,不一致、不稳定性,人的主观认识与客观实际之间存在差异性,那些在深度不确定环境下难以量化的信息和突发事件,使决策者即使收集到所有信息,仍然无法完整地认识和理解这些信息,只能知道哪些自然状态有可能出现,但对这些状态出现的可能性大小却一无所知。人的有限理性使得某种决策缺乏一个纯客观的最优化标准。可以说,不确定性是决策的基本特征,也可以说,正是不确定性使得决策理论的研究更有必要。

当前,不同领域的研究者采用不同的决策方法论研究框架,开展基于科学发展观的决策方法论探索。决策方法论研究的总体框架有以下两个特点:一是金字塔结构从顶层到底层逐渐发散,最顶层是哲学层面,其次过渡到思维方法层面,再次是应用层面,最后扩展到决策方法的应用层面。二是体系化结构,首尾相连,环环相扣,从决策方法外围的背景分析、哲学分析逐渐过渡到具体的决策方法分析,再到决策方法外围即应用分析,最后对决策状态、决策文化的探讨又回到哲学层面,做宏观分析。其间的问题直接形成逐层递进的逻辑关系,严密而连贯,每一问题的结尾都引出下一个新问题。决策方法论的基本内容包括跨文化跨学科的决策方法论体系建构研究,不同层次(包括决策哲学原理、思维范式、具体决策方法)决策方法研究,决策方法应用研究(包括决策前提分析、决策方法选择研究、决策方法运用研究、决策制度研究、决策状态研究及决策文化研究)三大方面。其中,决策状态研究主要分析决策者的情感、意志状态对决策行为的影响以及如何调试决策状态。[1]

---

[1] 高玲. 普通高中语文教师课堂教学决策研究[M]. 西安:陕西师范大学出版总社,2019.

(二)理论分析

决策理论对本研究的启示是多方面的。首先,行为决策理论可以帮助我们解释普通高中语文教师课堂教学决策实际的决策行为方式和行为过程。把语文教师放在一个课堂教学决策行为系统中来看,其课堂教学决策受本人认知能力的影响和局限,决策的行为模式受学习、记忆和习惯三方面因素的作用,因而只能根据掌握的有限信息和局部情况,按照主观判断来进行决策。可见,研究教师的认知能力对其课堂教学决策的影响是十分必要的。其次,西蒙的决策理论重视决策中的非理性情感因素,认为动机和情感影响决策,良好的动机和情感有助于我们积极主动地对目标进行相关的思考,并按照事物的轻重缓急逐个实现目标。而语文学科教学的特殊性及语文教师作为决策者的特殊性使得课堂教学决策研究必须重视决策者即语文教师的决策动机和情感。语文教师应兼顾有限理性与动机情感,准确把握决策时机在各种可行方案之间做出理性决策。再次,当代决策理论用实证的研究方法研究决策者实际的决策过程,既关注决策的动态过程,又重视决策在时空开放与动态中不断形成的稳定与平衡,强调决策者掌握的信息对决策的重要性。重视研究决策者个人的心理行为反应,认为,决策者实施和控制方案也是决策的一部分。这正是本研究关注的焦点。如前所述,语文教师课堂教学决策是语文教师在课堂教学情境中为实现语文课堂教学目标,依据课堂教学实际而采取的以语文教师教学哲学为基点、教育理念为支撑、专业知识为基础、实践智慧为依托的一系列构思、选择与行动的方式和过程。本研究有必要呈现并描述普通高中语文教师课堂教学真实的决策行为过程,特别是教师在特定的时间、具体的课堂教学情境中保持课堂教学决策动态平衡的过程。归纳普通高中语文教师的决策行为特征,从认知和心理两个方面对教师的决策给出合理的解释,特别是教师的情感、意志状态对决策行为的影响以及如何调试决策状态等。

二、教学过程最优化理论

普通高中语文教师课堂教学决策研究聚焦课堂这一独特的生态环境,研究教师的课堂教学决策。课堂教学是教师和学生、学生和学生多变互动的过程,在此过程中,教师的教学决策随着师生互动、生生互动的课堂教学活动而不断进行着。在教师的教学决策中,优化教学过程是一种非常重要的方法策略。研究教师课堂教学决策的理论基础之一是教学过程最优化理论。

(一)理论综述

教学过程最优化理论是20世纪70年代教育家巴班斯基提出的教学理论。该理论是在马克思主义哲学方法论的基础上,引进现代科学方法论、系统论的原则和方法,综合研究、探索并吸收教育科学研究的最新成果而形成的教学理论。该理论建立在系统方法论的基础上。系统论认为,世界上的一切事物、现象和过程都是一个有机的整体,都是自成系统,又互成系统。系统就是由相互作用和相互依赖的若干组织部分结合而成的有机整体。这些组织部分包括教师和学生、教学条件、教学过程结构(教学目标、教学内容、教学方法、教学组织形式、教学结果等)以及教学实施的基本环节。

(二)理论分析

教师的课堂教学本质上是一个决策的过程。决策存在于课堂教学的每一个教学活动中。教学作为人为的和为人的存在,其本身就是教学关系和教学实体的辩证统一体。正是教学作为这一辩证统一体的丰富性让我们看到了结构,并且在对结构的分析中,更让我们看到了教学的丰富。教师课堂教学决策的出发点和归宿就在于落实学生学的状态,整个课堂教学决策的着眼点也在于学生学的态势。教师的教学"目标、教学任务、内容、方式方法、手段等的组织、选择和确定,首先主要是通过教师的主导作用而表现在教学活动中"。巴班斯基的教学过程最优化理论对教学过程诸要素的选择与最优方案设计,着眼于节省教学时间、创造教学条件、选择教学方式、优化教学结构、整合教学资源、分析教学效果,这些举措旨在优化教学过程,提高课堂教学效率。教师在课堂教学中对学生学的状态的全程观察、判断、分析、决策行为,在本质上就是优化教学过程的行动过程。

教学过程本身是一个充满流变、变动不居的过程,一个高扬情境、个人理解的孕育丰富关系的过程。教学过程最优化理论强调教师了解学生,综合规划教养、教育和发展任务,把握教学重点和难点,选择恰当的教学方法和手段,追求教学过程的有效性。特别是在选择教学内容上,不应以教学内容取代教养内容,因为教养内容属于被掌握的客体,表示的是要学习的社会经验,而"教学内容则指的是教学的运动,亦即瞄准教材内容的那个教与学的相互联系活动的运动"。在此意义上,教学内容必定是经历了教师的教与学的设计,课堂教学的有机整合和学生学习的意义建构与即时生成之后才成为的现实存在。

在课堂教学过程中,应根据教学进度快速分析学生在学习过程中可能会遇到的困难以及是否有学习需求,是否对学习内容感兴趣,以此来做出教学决策,有效促进学生的学习。这个过程在本质上就是追求教学过程最优化的教学价值。

三、对话教学理论

课堂教学过程作为极具动态性与生成性的教学组成部分,就其生命本质而言,是一个"以身体之,以血验之"的体验过程。在体验世界中,一切客体都是生命化的,都充满着生命的意蕴和情调。体验是一种学习和生活方式,在教学生活中,师生通过"对话"体验达到彼此之间的理解互融,在情感、认知和行为方面不断达到自我实现的可能性。语文课程的人文性特质决定了语文课堂教学的"对话"特质。语文教师课堂教学决策必然是在与学生的连续"对话"中进行的。研究语文教师课堂教学决策的理论基础之一是对话教学理论。

(一)理论综述

对话教学源于苏格拉底的"启发式对话"、哈贝马斯的"交往行动"、布伯的"我—你"、巴赫金的"复调"和伽达默尔的"视界融合"等。20世纪70年代,"对话"成为西方教育研究关注的焦点。对话教学理论的核心是"对话",最有价值的课程知识只有在对话中才能建构。波兰尼认为,人类有两种知识,一种知识是可以用文字、地图、公式等系统表述的显性知识,一种是关乎人类行为的不可精确表述的默会知识。前者具有普适性,后者则具有情境性。知识的丰富性使我们意识到学生参与知识建构的重要性。如果缺失了学生参与,那么教师单向传递的教材知识就不是最有价值的知识。学生参与知识建构的最佳方式就是"对话"。国外研究者对"对话"的论述主要有四种观点。第一种观点认为,对话即包含。布伯以对包含的抽象而相互的体验为基础,承认对话双方立场的必要性。"我说对话关系的这种形式是抽象的,并不因为好像它的基本体验缺乏直接性,而是因为它只与作为精神之人的人相关,必然脱离人的本质和生命的充分的实在"。这种体验建立在对话双方充满信任和相互性的基础上。当对话双方相互从对方的角度来体验事物时,才是真正的包含。第二种观点认为,对话即双重和声。巴赫金认为,任何语言都包含了多种形式,所有说出来的话都有一股"味道",来自某种职业、流派、趋势、党派、特定的工作和人、某代人、某个年龄段和特定时段"。对话的意义在于,说话者指向或者回应了另外一种声音,这声音既针对言语内容,又针对他人的话语而发,言说者的部分言语内容意义是通过与他人声音的互动来生成的。在此基础上,巴赫金进一步指出,任何言谈都是说话的人们相互作用的产物,是"双重和声",而非单向的言说者声音。第三种观点认为,对话即创造。鲍姆指出,对话的目的在于揭示出对话者思想中不连贯之处,发现或者创造性地重建真正的集体意识。对话的过程即唤醒的过程。所有对话者之间均存在言语内容的意义流动。"对话之初,人们一直在表达固定的立场,试图捍卫自己的观点,逐渐维护友谊,这种情感比持有任何立场更重要。这种友谊不是建立在对话者之间的封闭的个人关系之上的,在这个意义上,友谊具有'间性'。这样,基于对话过程中共同意义连续变化、发展,一种新型的心灵开始形成。人们主要不再是对立的,也不能说是在互动,而是参与共同意义的建构。在这个过程中,对话者没有预先确立目标,尽管时刻都有自由变化的目的在自我揭示。对话者之间是一种新的动态的关系,每个参与者都在其中"。对话过程中那些不可预见的、探究性的思想意义互动,体现出对话的创造性特征。第四种观点认为,对话即理解。这主要是伯布利斯的观点。他认为,对话代表一种持续发展的交往,人们正是在这种交往互动过程中不断地获得对世界、他人和自身的充分理解。对话指向发现,指向真正意义的理解,并且在对话过程中持续地提升参与对话者的知识、洞察力及敏感性。某些情形下,对话可能存在目的的倾向性,但在围绕目的的交往互动中可使参与对话者强化、改变甚或放弃那个目的。而在另外一些情形下,没有人可以控制对话的走向或者预测对话的结果。

伽达默尔把人与人之间的关系分别描述为:客观化的关系、主观化的关系、对话关系。第一种关系是可预测可控制的有目的的"我—它"关系,第二种是把人当作一个独特的个体,抛却个人偏见,把他人置于安全之处,预设我们"知道"他人存在的深度,并通过一些方法进入他人。是一种"我—你"关系。第三种关系是把独特的"你"当作"你"去体验,认真倾听他的主张,对他彻底开放,对话双方彼此信任,彼此开放,特别是要接受某些反对自我的主张。显然,这种关系既不是占有式的支配,也不是全然移情,而是"启迪式"的对话。在人与人的多种关系中,"我—你"对话关系最具有教育性。这意味着教师与学生均为对话的主体,是互为教育者的"主—主"关系。对话双方均有心向,既充分表达自我见解,又努力倾听他人观点(包括相反的观点)。在"言说—倾听—言说"的来来往往中超越自我与他人的独特性,找到共同语言,共同判断。对话中建构有价值的课程知识,需要选用T/L(teaching/learning)模式,师生之间是平等的,彼此都有说话的机会,都充分尊重说话人的权利,都可以无拘无束地、安全地说话。教师与学生都投入到一种相互反省的、持续的对话当中。教师鼓励学生自主选择,适时引导,消解教师权威,充分重视对话者之间的创造性参与过程,把不同的声音结合在一起,异中求同,同中求异,汇合成一种"众声合唱",充分保留每个声音的个性。对话中,教师指导对话参与者从具体经验出发,在逐步获得更加普遍的认识时,头脑中始终保持与已有的具体经验的联系。教师用课程知识与个人知识、学生经验、时代经验重构具有"未完成性"的教学内容,与学生发展共有知识,在参与对话中引领学生激活已有的学习经验,彼此进行多维度的意义互动,主动发展参与互动的思维和能力。

(二)理论分析

教育学意义上的对话,更多的是指存在于课堂的教师与学生之间的"主—主"对话。在这里,教师与学生既是言说主体,同时又是倾听主体。语文课堂教学就是教师与学生聚焦对话的主题,在意向性教和学的互动中,在"言说—倾听—言说"的循环往复中不断超越已有知识经验的局限,生成结果。教师课堂教学决策均指向对话这一互动行为过程。在此过程中,教师与学生是民主的、和谐的、去中心化的对话主体。真正意义上的课堂对话,需要在情感、认知等方面创造充分有利的条件,因而,教师的导师角色又是不可或缺的。教师在课堂教学中的决策对教学活动的顺利开展至关重要,它指引、影响着师生互动学习的方向和态势。教师与学生之间的每一次有意义的对话,对学生学习建构有意义的课程知识、发展语文学习思维、形成语文核心素养、提升多种语文能力而言都是至关重要的。教师对师生对话的引导、控制、把握体现在教师做出的每一个决策中。

维果斯基重视人在发展过程中活动和交往的作用。在课堂教学中,教师引导学生展开的各类对话活动,应该在充分考虑并准确把握学生已有学习与认知水平的基础上,借助教师个人的教学知识与社会学习经验,帮助学生达到较高的水平。布鲁纳认为,学生不是被动的知识接受者,而是积极的信息加工者。通过教育教学,学生获得解决生活中一切问题的方法。作为一种交往互动行为,教师与学生课堂对话的状态尤为重要。如教师与学生在学习交流上是否平等,彼此之间是否相互尊重相互信任,在情感态度上是否真诚、开放,是否都用自己的话语表达方式说出了内心最为真实的想法,是否围绕教学主题来展开对话,在具体的学习情境中师生对话是否随着教学内容而调节,教师是否能够准确把握对话的时机从而促进对话的有效。如孔子所说的"不愤不启,不悱不发"。教师是否适时抓住了对话互动学生中"愤"与"悱"的状态而有效"启"与"发"。经由教师的启发,促使学生改造和重组已有的知识与经验,建构起新的知识结构。

课堂是一个交织着多重声音的世界。教师与学生的教学互动从本质上说是一种对话性实践,是教师与学生通过对话,反复咀嚼、品味、赏鉴自我或他人的生活体验和学习经验,形成并重建自我的判断。在与新的世界及社会相遇与对话的同时,与新的自身相遇与对话,在与同伴的交流中获得自我以外的思考与见解,发现不同于自我的学习同伴,感受学习行为带来的喜悦。学生课堂学习的过程就是师生共同探求课程知识的意义与人生意义的过程。话语和行动是对话的媒介。对话教学克服了教学的异化,形成了真正意义上的学习,强化了学习主客体的伦理性、交互性与主体间性。对话教学模式由传递式、认知式走向协同式。协同式对话教学促进了学生新、旧知识之间的互动,促进了学生课程知识的内化,在共同体集体式的学习中,形成一种互惠的协作关系,各个对话主体面对面地积极主动地相互支持、相互信赖、相互激励、相互分享、相互影响,那些言语的与非言语的对话增进了学习者之间的理解,加深了学习者自我建构的程度。

语文课程目标与课程价值的完善是在课程实施的对话过程中逐步实现的。阐释学的观点认为,对话被视为助力学生理解事物、解决问题的互动性解释活动。在课堂这一师生独有的公共时空与氛围中,多向度、多维度的沟通与对话必定是不可或缺的。语文教学文本的多义性决定了语文课堂只有通过对话,才能在真正意义上构成完整的文本理解,从而丰富与加强师生心灵与情感的交流互动,激发彼此内心的快乐与奇思妙想,进而启发学生充分地思考、分析、评价、鉴赏、探究,创造性地解决各种各样复杂的问题。对话教学中,师生之间围绕教学文本展开多重对话,教师引导学生充分理解文本,运用实践智慧,培育学生的多维阐释能力,使学生将新的理解融入已有的前理解中,形成新的意义融合,最大限度地实现语文课程的语言价值与育人价值。

四、有效教学理论

语文教师课堂教学决策研究本质是有效教学研究。教师的课堂教学决策与教师教学的有效性密切相关,研究教师课堂教学决策的理论基础之一是有效教学理论。

(一)理论综述

作为一种强调高效率、高质量的教学理论,有效教学理论成为中外众多教育理论与实践家的价值追求,有其深远的现实意义。进入21世纪,随着全球化进程的加快与人才竞争的日趋激烈,西方哲学、心理学、社会学研究日渐丰富和深入,有效教学理论的研究也呈现多样化发展趋势。由于国际社会政治、经济与文化发展的需要以及各国对改善和提高教学质量的强烈渴望,有效教学理论研究成为全世界教育教学改革的主题。

受学习理论与社会交往理论的影响,国外的有效教学理论研究因理论依据的不同,追求的目标与价值取向不同,对有效教学理论的阐释也不尽相同。有的强调教学目标的达成,有的追求教学过程的有效,认为有效教学的判断标准体现在教师的课堂教学实践中,体现在学生是否得到成功的学习与发展。因此,广义的有效教学理论的核心是指,通过有效的教学组织活动实现既定的教学目标,促进每一个学生发展的教学过程,具有明确性、参与性、多样化、启发性、创造性等特征。

有效教学理论经历了三个发展阶段：第一个阶段是20世纪60年代前，代表人物有赖安等。重点关注教师在教学过程中的人格心理特征，有效的人格心理特征分别是热情、理解，有组织、有效率，有刺激富于想象力，反之，则为冷漠、无情、散漫、草率、单调乏味、墨守成规。第二个阶段是20世纪60至80年代中期，代表人物有布洛非等。重点关注教师在教学过程中的行为与预期效果之间的关系。认为与学生成就显著相关的教师教学行为包括：教师的期望、角色定义与增强效能感，班级管理与组织，构建支持性的学习环境，主动教学，课堂的安排，增加学生的学习机会，精通教学，注重年级差异。其中教学方式和教师期望对学生学习成就影响最大。第三个阶段是20世纪90年代以来，代表人物有博里奇·亨特等。重点关注教学过程中多元变量与学生学习效果之间的关系。用多种方法分析与评价有效教学活动及教学效果，把提高教育质量、提升学生的学业水平放在重要位置。目前，国内外有效教学理论领域有代表性的研究取向有三方面。

第一，从教育经济学的角度来看，有效教学是指教师遵循教学活动的客观规律，以尽可能少的时间精力和物力投入，取得尽可能多的教学效果，从而实现特定的教学目标，为满足社会和个人的教育价值需求而组织实施的活动。代表人物是宋秋前。他强调，有效教学以最优的速度效益和效率促进学生在认知与技能、过程与方法、情感态度与价值观三维目标上获得整合、协调、可持续的进步和发展，从而有效实现预期的教学目标。有效教学的基本特征是以学生发展为本，注重预设与生成的辩证统一，教学生态的和谐平衡。余文森认为，有效教学具有启发性，能够调动学生学习的主动性；具有针对性，能够促进学生学习的独立性；具有反思性，能够真实自然地带动学生的发展。

第二，从教育学的角度来看，有效教学以学生的进步和发展为出发点和落脚点。崔允漷认为，有效教学是为了提高学生的学习效益，强化过程评价和目标管理的一种现代教学理念。它关注学生的进步与发展。姚利民认为，有效教学是教师通过教学过程的合规律性，成功引起、维持和促进学生的学习，相对有效地达到预期教学效果的教学。其主要特征是：正确的目标，充分的准备，科学的组织、清楚明了、充满热情、促进学生学习、融洽的师生关系,高效利用时间,激励学生。陈晓端在系统考察研究西方有效教学研究成果的基础上将有效教学分为三个基本阶段,即好教师的品质研究、好教学的特点研究以及有效教学的综合研究。

第三,从有效教学的结构层次来看,有效教学在表层、中层、深层三个层面上可以做出不同的解释。从表层来看,它是一种兼具一切好教学外在特征的教学形态。从中层来看,它是一种为逼近有效的目标而对教学进行科学控制与情感调试的教学思维。从深层来看,有效教学是一种教学理想、教学境界,着眼于教学的未来。

综上所述,有效教学理论更加关注课堂教学多元变量之间的关系,如教师、学生、教学目标、教学法、教学情境、教学氛围等。以学生为中心、关注每一个学生的学习行为和学习效果是有效教学重要的价值追求。它更加重视研究教师的课堂教学如何激发学生积极主动学习、达到良好的学习效果等;更加重视教师的专业反思,如对自我教学行为与教学策略、教学目标与教学效果的反思和审视;更加重视多种研究方法和测评手段的整合以提高教育教学质量。

(二)理论分析

根据有效教学理论,语文教师课堂教学决策主要涉及决策行为的有效性和决策结果的有效性。

第一,决策行为的有效性。语文教师的课堂教学决策必须遵循语文课堂教学的规律。那就是以言语学习为载体,在语文课堂教学中各个因素共同发挥作用,这就需要语文教师对制约语文课堂教学决策的诸要素及其运行过程进行宏观的研究与有效的监控。教师的决策行为目的在于达成教学目标,提高教学效率,关注全体学生,使每一个学生通过课堂学习掌握必要的知识与技能,在学习语文知识的过程中形成语文能力与语文素养,在教师的阅读与写作指导下培养学生良好的情感、态度和价值观。因此,语文教师的课堂教学决策行为应该关注每一个学生参与课堂学习的具体状况,包括关注学生学习行为的参与度、认知的参与度与情感参与度。关注学生在学习过程中是否形成了新的认知,在指导学习中是否有效地帮助了学生建构自我的知识体系,学生的思维与情感是否得到了发展,学生学习过程中是否有所发现,有所创新。

有效教学理论涉及的教师教学决策行为,包括教师科学地组织课堂教学,在课堂教学管理、课堂学习时间驾驭、课堂学习进度把控、激励学生有效学习等方面所采取的一系列教学策略,而这些教学策略的使用对于引起学生学习的愿望促进学生学习的进步而言应起到积极的作用。教师的教学决策行为是否有效,仅仅从教师采取的教学策略来判断是不够的,更重要的是,教师在决策过程中是否对学生的学习状况有准确的观察与判断,对学生的情绪、情感了解与把握是否恰到好处,对课堂教学中随机出现的各类教学事件是否处理得当,在一系列教学决策行为背后是否关注了学生的个性特征与情感需求,课堂上是否建立了良好的师生关系,作为学习共同体的各个主体间的关系处理是否与教学目标的实现相一致。

第二,决策结果的有效性。教师良好的课堂教学决策行为一定是指向教学目标的实现的。也就是说,教师所有的教学决策旨在引导和帮助学生理解并掌握既定的学习内容,在此过程中,培养学生独立自主的学习能力,形成良好的学科素养。有效教学理论追求教学效果的有效性,这里既包括教师教的有效性,又包括学生学的有效性。教师的教,指向学生的学。教师教的效果体现在学生学的效果上。因此,教师教学决策行为的有效性是通过学生的学习效果体现出来的。学生的学习效果,既可以通过可量化的考试分数来体现,也可以通过与学生的对话交流、学生的学习行为变化和学习状态改观来判断。在此意义上,运用有效教学理论研究教师的课堂教学决策行为是科学有效的。

第二节 普通高中语文课堂教学决策的因素

教学就是通过组合特定的时空因素促使学生全面发展。由于课堂存在大量的不确定因素,面对一个个独一无二的课堂教学情境和一个个鲜活的不断变化的学习主体,教师的教学决策是否有效,影响教师课堂教学决策的因素以及各因素之间的关系如何,都有必要弄清楚。因为课堂是学生的成长之源、教师专业发展之所,关注课堂以及研究教师的课堂教学决策成为一个重要的研究议题。劳凯声认为,课堂是以专业教师作为主要引导因素来运行的领域,课堂也意味着生活,课堂生活作为一个相对典型的中观领域,与宏观的社会和社会变迁密切相连。现代课堂生活是社会生活的缩影,微观的课堂权力、课堂话语、课堂关系课堂规范、课堂结构等都是宏观社会生活及其变迁的反映,不能局限于以心理学为基础的研究,而应当用社会学、政治学的理论以及方法,深入研究课堂生活。如此,课堂便成为连接宏观理论和微观实践的桥梁和纽带。教学的复杂性、动态性、多样性以及不可复制性等特点需要教师在教育教学的过程中不断思考,做出合乎逻辑的、合乎情理的教学决策。教师最基本的教学技巧就是决策,有效教学基本等同于合理的教学决策。

已有的研究成果认为,教师教学决策的影响因素主要有四个方面,分别是有关教师本身的因素学生方面的因素、教学方面的因素以及环境方面的因素。以上四者构成一个动态的影响因素,并且彼此相互影响。教师信念、教师知识以及教师实践智慧是保障教学决策合理的可靠基石和主要影响因素。教学信念、教学思维方式、教师知识、课堂情境是影响教师教学交互决策的主要因素,教学思维方式是影响教师教学决策的重要影响因素。

语文学科与高中学段的特殊性决定了影响普通高中语文教师课堂教学决策的因素具有学科与学段的独特性。基于已有的研究成果以及普通高中语文教师课堂教学决策的独特性,依据相关教学理论,笔者认为,影响普通高中语文教师课堂教学决策的因素主要有三个层面:第一个层面是主体因素,即决策的内隐因素。包括教师的信念体系、知识体系和个性情感。这里的内隐指隐藏于教师自身内部,回答教师"为什么这样决策而不是那样决策"的问题的因素。第二个层面是客体因素,即决策的依据。包括教学目标、教学内容学习状况。这里的依据指教师在课堂教学中是"根据什么"来决策的。第三个层面是内容因素,即决策的内容。包括教学策略、教学节奏、课堂氛围。这里的内容指教师"决策什么"。以下分别进行阐释。

一、主体因素

一定意义上,决策主体是一个群体概念,是由多个个体组成的,每一个个体特质决定决策主体的特质。在决策的全过程,决策主体的个性修养、能力素质、专业基础、知识水平、价值、智商情商、经历经验等起决定性作用。决策主体是影响和决定决策成败的关键所在。科学的决策是决策主体通过对系统内外诸因素的合理分析做出的理性选择行动,但其中不乏大量非理性因素的积极作用,而且这种作用的程度及性质是不可低估的。在课堂教学决策中,教师的理性因素与非理性因素是相互渗透相互融合的。其中,教师的非理性因素发挥的作用有一定的自由随意性,但更多的是受理性因素的影响,可以说,理性因素的影响具有导向作用。普通高中语文教师课堂教学决策的主体即教师,主体因素即教师因素,教师在课堂教学过程中做出的一系列决策背后所隐含的因素,解释了教师通常在什么状态下,为什么会做出这样的而不是那样的决策。它包含教师的信念体系、个性情感和知识体系。

(一)信念体系

信念是影响教师教学决策的关键因素,改变信念可以深刻影响教师的决策行为。信念体系是教师做出教学决策的可靠基础。美国的威廉·威伦等在《有效教学决策》一书中将教师结构化的信念体系叙述如下:信念1:教学决策对于教学氛围、教学计划、教学互动和教学评价都是不可缺少的。信念2:教学是一系列复杂的行为,需要遵循教学论的原则。信念3:教师需要掌握教学论方面的知识,有效地开展教学。信念4:应建立在有效的策略、方法、技术的基础上,把最现代的可靠观念转变为教学实践方法,将之整合进自己的教学风格中。信念5:激发学生的动机。学生对学习产生情感上的需要、认知上的困惑、兴趣和能力时,教师应激发这种学习动机。信念6:引发学习活动的课堂环境是创造性学习的基础。信念7:教师在遵守教学论原则的同时,又能保持自己独特的教学风格,对于提高教学有效性最为有益。信念8:学生的学习方式影响教师的教学决策。最重要的是教师怎样才能鼓励学生深层理解重要概念。信念9:教师必须认识、评估和控制与学生不当行为有关的问题。需要与整个社区(包括父母、社会服务机构、医疗工作者和法律执行机构等)互动和交流。工作卓有成效的教师承认教学不仅仅局限于学科、课堂和学校。[1]

以上所列各项内容均关乎教师对教学的理解和认识,关乎教师对学生学习的理解和认识,关乎教师对教学诸因素及其各部分关系的理解和认识。教师如果不能建立起与教学有关的信念体系,就有可能使教师对

---

[1] 邓姗姗. 新课改背景下高中语文教师教学决策研究[D]. 桂林:广西师范学院,2015.

教学目标的把握失当。语文教师的信念包括关于语文学科本体论的信念,关于语文教学的性质和教学目的的信念,关于学生的学习情况和学习原理的信念,关于语文教师自身发展的信念,关乎对待传统文化的信念等,涉及教学本质师生角色、师生责任、学习策略和教学质量观等方面。现实的教学生活中,语文教师需要将认识论哲学和存在论哲学完美结合,通过教师学习共同体、实践性反思及合作性交流和行为更新,建构语文教学信念。教师信念是教师在教学情境与教学历程中,对课程教学、学生学习等相关因素所持有且信以为真的观点。当前,我国处于社会转型时期,价值缺失、迷茫和冲突给每个人的生活带来了很大困扰,教师亦然。语文教师也会面临价值冲突与信仰危机,更需要培育教学信念,鉴别分析积极或错误的信念,重建教师文化、促进自身发展。因此,语文教师信念在其教学决策中发挥着隐性的导引作用,潜移默化地影响着教师的课堂教学决策。

(二)知识体系

研究表明,教师个人拥有的知识体系是影响教师课堂教学决策的重要因素。语文教师的知识体系应包括基础知识、课程知识、教学知识三大类。语文知识大多隐含在课文中,需要从课程、教材层面把课文隐含的课程知识发掘出来,让课程知识成为语文教学的基础和凭借。实际的教学中,语文教师需要明确哪些是合理的语文课程知识,哪些是学生学习必备的语文知识,需要以怎样的方式帮助学生建构知识,使学生真正懂得语文知识的学习对其生命成长的重要性和必要性。课堂教学决策中如何克服随意化和非语文化的倾向。如何建构个性化的语文教学知识。如何从课程、教材层面把课文隐含的课程知识发掘出来,依据课程标准来实施教学。那些为语文教师特有的实践性教学知识,如语文专业知识储备,尊重和利用学生既有的语文知识的经验和方法,将课程知识转化为学生的语文知识的能力等与知识体系相关的因素,或隐或显地影响着语文教师的课堂教学决策。

当前,语文课程与教学研究者对语文学科知识课程化的研究比较欠缺,对普通高中语文教材的导学系统、助学系统以及练习系统的知识建构不足,系统性不足。目前通行的各个版本的普通高中语文教材对语文学科知识的课程化、语文课程知识的外显化程度不够。教师大多不知道如何研究、处理语文教材。虽然学界呼吁语文教师应重视文本细读,加强语文教师的个性化文本研读,重视教学文本的研究与多重文本对话教学研究,但是,仍有部分语文教师在此方面显得力不从心,捉襟见肘。语文教师的基础性教学知识和语文学科专业知识亟待完善,语文课程知识亟须明确,语文学科的教学知识与其他学科的教学知识有待需要区分。语文课程学科知识(也称语文基础知识)包括语言文字、阅读知识等多学科领域的知识,是自足的陈述性知识,是语文教学的基本内容,也是落脚点。语文学科的教学知识主要体现在课堂教学中,需要教师认真细致地研究各个学段、各种类型、各个层级的教学实录、教学课例、教学设计、教学经验总结与反思以及学生的课后作业、阶段性学习反思、学习心得,努力生成、提升并外显自己的教学知识。如字、词、句、段应该如何教,篇、章应该如何教,阅读能力应该如何培养,写作水平应该如何提高等,以更加有效的方式开展语文教学活动。由于课程标准所蕴含的语文学科知识量不够,语文教师依据课程标准进行课堂教学决策缺乏具体的依据,通常是基于个人的教学经验以及借鉴他人的教学经验而获得选择和教授语文知识的方法。对字、词、句、语、修、逻、文七个方面的语文基础知识的理解与建构存在诸多的缺陷,对语文学科知识系统本身的自治性和科学性欠考虑,大多按照好懂、精要、有用的要求,把语文学科基础知识误认为是语文学科教学目标的核心。因此,语文教师需要建构系统、合用的语文课程知识,拥有丰富、完整的语文学科知识,才有可能在课堂教学中做出合理有效的决策,提高课堂教学效率。

(三)个性情感

教师的情感是教师进行课堂教学决策的动力,它能影响教师教学能力和水平的发挥。它表现在对学生学习行为的影响。较高水平的情感体验可激活教师思维,积极饱满的情感可使教师更多地接受来自学生学习的各个方面的信息,能使教师的课堂教学决策更加契合学生课堂学习的实际情况,进而提高课堂教学的效率。课堂教学中,教师的个性情感会影响教学的每一个细枝末节。教师独特的个性情感彰显了教师的个人魅力及教学风格。更为重要的是,它对营造课堂氛围、促进学生学习可以产生隐性影响。根据情感内容的不同,它可分为道德感、理智感和责任感。具有高尚道德责任感的语文教师通常能比较客观地观察分析学生课堂学习的状况,产生正确的判断,使决策过程充满积极的情感。

关于教师的个性,哲学和心理学都从各自的角度做了不同的阐释。我国古代学者王夫之对此即有论述:"夫性者生理也,日生则日成也。"富尔曼诺夫认为,个性是社会在个人身上培养出来的特点与品格的总数。个性是一个人的精神面貌,存在一定的心理倾向性。霍姆林斯基认为,个性是一种极复杂的合金,由体力、精神力量思想、情感、意志、性格、情绪等因素组成。刘文霞认为,个性是个体具有的独特的社会性,是个体在一定的关系系统中形成的生理特征、心理特征和社会特征以独特的方式的有机结合。

教师个性就是教师在教育教学实践过程中形成的,并在教育教学实践过程中表现出来的,具有一定倾向性和独特性的社会特征,是教师个人品质、情感态度、个性特征的综合表征,是教师在长期的教育教学实践中逐渐形成的较为稳定的个性特征。

教师的教学个性是教师个性与教学内容的有机融合,具有教育性、启发性、创造性、艺术性、人文性和独特性,体现在教育教学的全过程。它包括教师所预设的教学目标、选定的教学内容、采用的教学策略、营造的教学氛围、掌控的教学节奏、板书的呈现方式、运用的教学语言、课后的反思方式、课外的作业辅导等。教师的教学个性受学生学习状况的影响。学习者的个性发展、人格培养与教师的教学个性息息相关。良好的行为动机、精准的教学目标、完善的信念体系、完备的知识体系、浓厚的学习兴趣、积极的情绪态度、稳定的意志品质、良好的道德修养、较强的个人能力等,是形成独特教学个性的前提和基础。教师应当精准地定位教学目标,适切地选取教学内容,细微地分析学生学习状况,艺术地营造教学氛围,融合教师个人的个性品质,形成个性鲜明的教学设计,开展个性鲜明的教育教学活动,促进学生生命成长。

长期以来,相关研究对教师课堂教学决策的情感因素重视不够,认为情感是女性化、非专业的,将情感体验与基本情绪简单地等同起来,认为情感就是教师在教学决策中尊重学生,缓解学生的焦虑。情感只能体验、意会,不可捉摸,无法掌控,无章可循,课堂教学中的情感决策似有若无,无足轻重。教师课堂教学决策的对象(即学生)被物化、类型化为可以理性阐释的客观事物,忽略了学生的情感、兴趣、道德、态度、动机、愿望、价值观等生命元素,而这些因素恰恰是课堂教学最应该关注的。

课堂是语文学科教学的主阵地。在这个阵地上,语文教师的教学决策均应指向同一个目标,那就是促进学生生命的健康成长,培养学生的个性品质,形成学生的学科素养,发展学生的智能。语文教师的课堂教学决策应构建适应学生自我发展需求的学习环境,营造和谐平等、民主友好的课堂教学氛围,在特定的教学情境中,反复尝试和反思调整教学行动,合理建构组织化、串行化的教学内容与教学活动,帮助学生获得语文学科知识及其与现实生活间的意义,摆脱功利化和工具性的束缚,独立地、能动地学习,使学生对课堂充满期待与热爱。所有这些决策行为,都是以教师健康丰富的情感为基础才有可能实现的。

教师职业具有情感性极强的特点,语文教师更是如此。很难想象一个缺乏丰富个性情感的语文教师会让课堂焕发出生机与活力。课堂教学中,语文教师对教学,人事的认知偏好,对克服教学困难的决心和意志,对习惯性行为方式的依赖等情感因素时刻影响教师的教学决策。语文教师健康丰富的情感主要体现在对学生课堂学习过程中表现出来的各种情感有敏锐的觉察,并能够站在学生的角度理解他们的各种情感,运用恰当的教学策略让学生能够将自己体验到的种种情感准确地表达出来。能够预测和调控学生在学习过程中产生的各种情绪。围绕教学内容,与学生在文本学习交流与师生对话的过程中进行情感体验与互动,引导学生多角度领悟教学文本表达的思想情感及自身在阅读过程中产生的情感,并以个性化的语言表达出来,进行课堂互动交流。教师在教学决策过程的每一阶段所产生的情感反应,会直接影响其自我投入的意愿和程度。情绪高涨易冒进,情绪低落无动力。因此,教师应重视情感体验的内在驱动和自我调节功能,努力在教学决策的过程中获得积极的情感满足,不断强化课堂教学决策动机,提升课堂教学决策能力和智慧,确保课堂教学决策的有效性。

语文教师应深切关注学生的即时需要、表现和状态,关注学生课堂学习的特征、变化和生成,与学生保持积极的互动,不断从情境中获取有用信息,为即时性的教学决策和教学行动服务。进入课堂时应做到精神饱满,富有激情,用丰富的面部表情、恰当的肢体语言给予学生引导、鼓励、暗示,提醒,甚至批评、表扬,善于用眼神关注全体同学的学习状态,观察学生的学习行为,揣摩学生的学习心理,走近学生,通过与学生的接触拉近彼此的情感距离,在不影响课堂教学进程的情况下给予学生一定的引导和帮助。如在学生注意力不集中的时候走到他身边帮他放下正在玩耍的东西,或拍拍他的肩膀,抚摸他的头,或帮助他整理衣领,放好文具等,同时用眼神提醒他。确保学生的思维始终维持在一个比较活跃的状态下,在轻松和谐的氛围中开展教学活动。

语文教师利用个人的非言语行为调节自我个性情感的能力与创建课堂教学师生学习共同体紧密相关。语文教师的一系列非言语行为对改善课堂教学中的师生关系有举足轻重的作用。那些貌似不经意的非言语行为对学生的学习心理与个性情感会产生意想不到的效果。当学生意识到教师是发自内心地关心和爱护他(她),维护他的尊严,尊重他的个性,便会从内心真正接纳教师,在心理上自觉地认同教师的教学,产生积极的心理暗示,其课堂学习行为会产生积极的变化,用心投入课堂学习,努力完成学习任务。

二、客体因素

客体因素是指主体认识的客观对象。普通高中语文教师课堂教学决策的客体因素即决策的依据,需要回答"为什么这样决策""依据什么决策"的问题。这里的"什么"就是外在于决策主体的客观因素,指教师在实施课堂教学之前进行教学设计时所遵循的原则。即教师设计教学时,认为需要根据学生的哪些学习状况,通过课堂学习哪些内容,达成怎样的教学目标使课堂教学有效。决策依据,即教师"依据什么"做决策。把决策依据细化为教学目标、教学内容、学习状况三个维度。

(一)教学目标

教学目标,是教师课堂教学活动的出发点及归宿,是教师顺利开展课堂教学活动的根本。教学目标既是教师选择教学内容与方法的依据,也是评价课堂教学效果的依据,又是学科评价的标准和范围,在教育教学活动中发挥着指向、激励、评价等作用。教学目标是能够被教师选择和建构的,能够体现教师的价值取向。教学目标追求外在与内在的协调统一,促进由外显性目标向内隐性目标的转化。教师需要兼顾基础性目标与发展性目标,重视教学目标的适应性与超越性,处理好教学目标的预设与生成的关系,在落实教学目标的过程中力求将经验上升为体验,并有所创新。

如何依据普通高中语文课程总目标制定教学目标,这些课程目标如何落实到具体的一节课的教学目标中,需要教师进行深入思考。它包括语文学科的性质、普通高中语文教学的性质、普通高中语文教学的目标、语文学科的学习原理、学科知识与传统文化、语文教师自身专业发展、学生的学科学习诸多方面。有效教学理论告诉我们,教师有效的课堂教学决策必然是能够实现既定的课堂教学目标的决策。教师在进行教学设计时所设定的教学目标,在课堂教学中是通过教师的一系列决策行为逐步实现的,教师的一系列教学决策对于实现教学目标,彰显语文课程的教学价值而言是至关重要的。反之,如果教师在进行教学设计时所确定的教学目标存在这样或那样的问题,那么教师在课堂教学中进行的一系列为实现教学目标而做的决策也会存在这样或那样的问题。

语文课堂教学就是要实实在在教语文,扎扎实实学语文。《普通高中语文课程标准(2017年版)》对语文课程目标有系统的阐述,那就是通过一系列的学习活动,使学生在语言积累与建构、语言交流与沟通语言梳理与整合、形象思维的发展与提升、逻辑思维的发展、思维品质的提升、文学作品的鉴赏、不同文化的传承与理解、审美的表达与创造等方面都能得到进一步的发展。具体内容如下:①语言积累与建构——从已经积累的语言材料间建立起有机的探索、联系,理解并且掌握汉语言文字运用的基本规则。②语言交流与沟通——能借助语感和语言运用规则有效交流;依托具体的语言情境和不同的对象,运用口头以及书面语言文明得体地进行交流和沟通;能将语言作品置于特定的情境中理解分析和评价。③语言梳理与整合——能系统梳理并内化语言结构,在实践中运用语言,将经验转化为方法和策略。④发展形象思维——丰富语言体验,善于联想和想象,并在语言表达中体现对生活和文学形象的感受力和理解力。⑤发展逻辑思维——能够自主分析问题,归纳观点,依托语言规律和逻辑规则加以应用,有理有据、准确生动地表达自己的观点和思想,形成自己独特的理解和认识。⑥提升思维品质——在言语活动经验中提高思维的深刻性、灵敏性、批判性和创新性。⑦增进对祖国语文的美感体验——感受文字独特的美,增强热爱汉语的感情。⑧鉴赏文学作品——感受和体验文学作品的语言、形象和情感,欣赏和评价不同时代、不同风格的语言文学作品,有正确的价值观、高雅的审美情趣和高尚的审美品位。⑨美的表达与创造——运用祖国语言文字表达自己的审美体验,表达自己的情感、态度和观念,表现和创造自己心中的美好形象。⑩传承中华文化——体会中华文化的博大精深,增强文化自信,理解、认同、热爱中华文化,继承、弘扬优秀传统文化。⑪理解多样文化——初步理解不同国家、不同地域文化,尊重、包容并借鉴、吸收人类文化的精华。⑫关注、参与当代文化——关注并积极参与当代文化传播与交流,提高自己的文化自觉,树立积极向上的人生理想,增强社会责任感和使命感。

  普通高中学段的语文学科课程目标以语文素养为核心。语文学科核心素养是在具体的"阅读与鉴赏""表达与交流""梳理与探究"语文认知活动中形成与发展,并依托具体、多样的认知活动表现、展示出来的。主体包含了"语言建构与运用""思维发展及提升""审美鉴赏与创造""文化传承与理解"四个方面,贯穿了必修和选修教材,联系紧密,学习目标和学习内容在不同阶段各有侧重。

  实现普通高中学段的语文课程目标,需要关注必修课与选修课的课程目标之间的区别,把握必修课与选修课的深度与难度,选择教学内容的侧重点,确定相应的教学目标与教学内容。在课程目标的定位上,必修课重在掌握基本的语文学科知识与技能,使学生形成基本的语文能力和学科素养,为学生的个性化学习和终身发展奠定基础。

  布鲁姆等人把教育目标分为认知、情感和动作技能三个领域;加涅为了在教学上体现学习层次的原则,提出了五个类别的学习的结果——言语信息、智力技能态度、动作技能、认知策略的教育目标分类。这两种教育目标分类体系可作为不同条件下确定教学目标的依据。结合当下我国普通高中语文教学的具体情况,可把语文教学目标分为四类:语文知识、语文能力、语文学习方法、情感态度价值观。掌握语文学科知识,形成语文能力,运用语文学习方法,养成良好的情感态度价值观,贯穿语文学习实践活动的始终。

  教学目标的实现是每一个有效课堂的根基,引领讲授提问、布置作业等教学行为的方向。判断一堂课的目标是否实现有三个标准:第一,预设的教学目标是否合理,是否符合学生的实际状况和"我"对学生的学习期待。这些目标对学生来说是否足够清晰,是否适当,是否体现语文学科内容的本质特征。第二,教学目标是否清晰地呈现出来(教学目标的叙写)。第三,学生学习的过程是否有意义,学习进步的幅度有多大。这意味着"我"要知道两个很重要的逻辑条件:清楚地知道学生的起点,即学生已有的学习基础是什么(前测);清楚地知道学生的终点,即在经过"我"的教学后,学生学到了什么(后测)。既需要关注学生在课堂学习之后到达了什么程度,更需要关注学生在课堂学习之前和之后是否发生了"位移"。这样可以避免对后测的过度自信。

明确课程总目标与教学的关系,联系教学实际,研究学生的学习状况,精准定位教学目标,联系课程与教学,是教师课堂教学决策的重要前提。教师依据课程目标,结合学生实际的学习情况,精心选择教学内容,目的在于以教学内容为依托有效实现教学目标,而教学目标的实现与否则要以学生课堂学习的效果为判断依据。教师在课堂上所做的一系列教学决策都应指向学生的学习和教学目标的实现。因此,学生课堂习得的知识、形成的能力、学习的过程、学习的方法以及潜在的情感渐染、观念引导等都可作为教师教学目标是否实现的判断依据。

(二)教学内容

教师在课堂教学中应当依据教学内容进行教学决策。在实际的教学实施中,教师对教学内容的把握和决策,对学生学习掌握课堂教学内容的快速判断和处理水平较低。那么,什么是教学内容呢?教材是不是唯一的教学内容呢?二者之间有什么区别和联系呢?

语文教学与其他学科教学均具有科学性,但与其他学科教学又有所不同。这是因为语文学科除了具有科学性之外,还具有文学性和艺术性。可以说,真正意义上的语文教学应为科学与艺术、文学与艺术的高度统一。一个优秀的语文教师应该兼具专业性与艺术性,这就给语文教师提出了比其他学科教师更高的要求。我们知道,除语文外的各个学科一般都有确定的领域,内容明确,知识体系完整,逻辑严密,所以不存在选择教学内容的问题。即使是历史、政治这样的文科课程,虽有一定的主观性,但其课程内容是相对固定的。然而,语文课程领域的知识体系不够完整,教学内容不确定,语言的背景性质使得学科内容的涵盖较广,教学内容呈现复杂性特征。语文学科教学内容是言语智慧,这种智慧隐含于教材中,是间接呈现的。另外,从教学目标来看,语文学科的教学目标具有二重性,既学习教材文本传递的信息,又学习教材文本如何传递信息的信息。这是语文教学内容选择的难点。这就要求教师既要读懂教学文本传递的信息,又要分析教学文本传递信息的方式方法,从教学文本中挖掘那些专属于语文教学内容的内容,也就是具备语文学科特征的教学内容,而不是其他学科的内容,更不是教学文本传递的信息本身的内容。教师要确保选择的教学内容的正确性,必须明白这些内容是专属语文学科的内容,是语文学科所独有的知识、技能、策略、方法、价值、原则等,是程序性、策略性的语文知识。同时,由于语文学科内容是多学科内容的综合,不具备自生性,与相关学科领域知识紧密相连,故而须教师根据实际的教学需要,在与学术认识一致的前提下,对课程内容进行专业化创生与重构,再从这些教学内容中进一步选出相对集中的、核心的教学内容。

通过在文本的语境中解读词汇、理解语义的过程,树立语言和言语的相关性和差别性的观念。在解读文言文实词词义和古今语言的比较中,树立语言文字发展的观念,并体会古今汉语的联系和贯通。通过对古今汉语多义词词义关系的梳理,总结和认识引申规律,自觉丰富词汇。在课内外阅读中,积累有汉语特点的成语和典故,观察其特殊的表达作用,建构有关方面的知识。在自主修改病句的过程中,分析、体会汉语句子的结构和虚词的作用,印证初中学过的语法规律。通过自己写作遣词造句的经验,建构初步的逻辑和修辞知识,增强表达的个性化。在口语和书面语交流的过程中,对比口语语体和书面语用词的差别,探索汉语口语词汇与书面语词汇风格的差异。不断关注汉语、汉字与中华文化的关系,体会语言的民族特性,增强对汉语汉字的热爱感情。专心读书,在阅读过程中探索阅读整本书的门径,初步建构自己的阅读经验。重视学习前人的阅读经验,如钩玄提要,不动笔墨不读书;多角度、多层次、反复阅读;既能钻得进去,把书读"厚",又能跳得出来,把握精要,把书读"薄"等。把握不同类型整本书的特点,根据不同的阅读目的,灵活运用精读、略读等多种方法阅读整本书,读懂文本,把握全貌,探究丰富的内涵和精髓。在指定范围内选择阅读一部长篇小说。通读全书,把握其完整的艺术世界;从使自己最感动的故事、人物、场景、语言、内在精神等方面入手,反复阅读品味,深入探究,欣赏语言表达的精彩之处,梳理小说整体的艺术架构和感人场景,理清人物关系,感受欣赏人物形象,探究人物的精神世界,体会小说的主旨,全面研究小说的艺术价值。在指定范围内选择阅读一本学术著作,感受其语言魅力和逻辑力量。利用目录、序跋、注释等信息,学习检索资料,引发深入研读。联系经验,深入理解作品,从作品中汲取营养,悦享、丰富自己的精神世界。运用自己的语言撰写全书梗概或提要。聚焦特定文化现象,由学生自主梳理材料,确定调查问题,编写调查提纲,访问调查对象,记录观察内容,完成调查报告,展开交流研讨。设立各类语文学习共同体(如文学社团、新闻社、读书会等),在阅读表达中探析有关文化现象,拓宽视野,培养多方面语文能力;通过社会调查与实践、观看演出、参与文化公益活动等方式,丰富学习语文的方式,积极参与当代文化生活。针对社会文化热点现象,开展专题研讨,在剖析中提高对各种文化现象的认识和阐释自己见解的能力。了解常见媒介与语言辅助工具的特点。掌握一定的信息技术,掌握利用不同媒介获取、处理、应用信息的能力。学习运用多种媒介,更加有效地表达和交流。明确信息来源的多样性及其实际意义,辨识媒体立场,多角度分析问题,形成独立判断。跨媒介建设与学习共同体,并把它作为支撑语文学习的手段。多角度观察社会,热爱生活,掌握各类实用文本的基本格式,善于学习并运用新的表达方式。学习运用简明生动的语言,介绍科技文化产品,说明比较复杂的事理。

具体学习内容可分为三类:①社会交往类,主题明确的会谈、谈判、讨论及其纪要;活动策划书、计划、制度等常见文书;招聘启事,面试;面向社会大众的演讲、陈述。②新闻传媒类,包括传统媒体与新媒体常见言语形式,如新闻、通讯、传记、调查、访谈、述评;主持、电视演讲与讨论;网络新文体,包括比较复杂的非连续性文本。③知识性读物类,复杂的说明文、知识小品文;科普读物、社会科学类通俗读物。

思辨性阅读:①阅读古今中外论说名篇,把握论者的观点、态度和语言表述,理解论者阐述观点的方法和逻辑。②阅读近期精彩的时事评论,学习论者评说国内外大事或社会热点问题时的角度、观点、方法与逻辑。

思辨性表达:①表达、阐发自己的观点,正确立论,语言准确,论据恰当,逻辑性强。②多角度思考问题,反驳有理有据,以理服人。③讨论和辩论。

文学阅读:①精读古今中外优秀的文学作品,感受作品中的艺术形象,理解欣赏作品的语言表达,把握作品的内涵,理解作者的意图。结合自己的生活经验和阅读写作的经历,加深对作品的理解。尝试在阅读中发挥自己的想象,建构自己阅读的艺术世界。②根据文学作品不同的艺术表现方式,发现作者独特的艺术创造,从语言、构思、形象、意蕴、情感等多角度欣赏作品,获得审美体验,认识作品的美学价值。③养成写读书提要、读书笔记的习惯。根据需要,可选用杂感、随笔、评论、研究论文等方式,写下自己的阅读感受和见解,与他人分享,积累、丰富、提升文学鉴赏经验。④了解文学批评理论和方法的新进展,尝试运用到文学阅读中去。⑤积累和梳理所学文言作品中的文言实词、虚词和句式。

文学写作:①结合所阅读的作品,了解诗歌、散文、小说、剧本写作的一般规律。②学习捕捉自己的创作灵感,用自己喜欢的表达方式写作,与同学交流写作体会。③尝试续写或改写一种文学作品。

精读代表性作家作品,把握其精神内涵与艺术价值。至少读10位现当代作家的作品,宏观了解现当代文学作品的发展概貌。关注当代文学动态,选读新近发表的有影响的作品及相关评论。养成撰写读书笔记的习惯,每读一篇作品均应写出内容提要和阅读感受。选择喜欢的作品,撰写作品评论,表达自己的见解。根据自己的兴趣,选择喜欢的体裁,创作短篇作品。精读中国文化史上不同时期、不同类型的代表性作品,体会其精神内涵和语文价值。在特定的社会文化场景中考察传统文化经典作品,认识有关作品对中国传统文化的贡献。梳理所学作品中常见的文言实词、虚词、特殊句式和文化常识,注意古今语言的异同。每读一篇作品均应写出内容提要和阅读感受。选择一部(篇)作品,从一两个角度撰写评论。学习传统文化经典作品的表达艺术,提高自己的写作水平。阅读外国经典文学作品,认识作品的地位和时代价值。撰写读书笔记,写出内容提要和阅读感受。选择感兴趣的作家、作品或话题,撰写评论。探讨不同民族文学之间的共同话题和文化差异。选择阅读简明易懂的自然科学和社会科学类论文、著作(节选),领会不同领域科学文化论著的内容,拓宽视野,感受求真务实的科学态度和勇于探索创新的精神。撰写内容提要和读书笔记,学习体验概括、归纳、推理、实证等科学思维方式,学习科学文化论著观点明确、逻辑严密、语言准确精练等特点。梳理影响中国现当代文学发展的重要作家作品。发现有价值的文学现象与问题,从中选择自己感兴趣的专题进行研讨。阅读新近发表的有影响的文学作品,尝试参与文学评论。关注近期文学热点问题，了解不同观点，深入思考研讨，提高探究能力。每读一篇必做读书笔记。围绕中心论题进行有准备的研讨，围绕专题选择合适的方式表达探究的成果。选择阅读体现中国传统文化要义的代表作品，参阅相关的研究专著，确定专题，进行研讨。进一步提高文言文阅读能力。尝试阅读未加标点的文言文。阅读古代典籍，注意精选版本。研讨代表不同时期、不同地区的外国文学、文化经典，增进对人类文明史上多元文化并进的事实及全球化背景下多元文化格局的理解。选读一本外国文学理论名著，了解西方文学批评中某一流派的基本主张和文学解读方法，或者选读一本研究中西文学或文化比较的著作，尝试运用其中的观点研读以前读过的作品。借助已有的阅读经验，选择合适的内容进行跨文化专题研究。根据阅读兴趣和积累、思维特点以及发展方向，选择适宜的学术著作深入研讨，撰写研讨笔记。将研读学术著作过程中生成的关注点、问题点、质疑点等，梳理概括后形成专题，组织研讨。或围绕相关学术话题，组织研讨。学习运用学术论文的形式，梳理提炼专著研读或专题研讨的成果，写成学术性小论文。

课程实施中，语文教师应利用丰富的学习资源，设计多样的语文实践活动，引导学生在活动中逐渐提升语文核心素养。

其他学科里，教材就是课程内容的具体化、教学化呈现，学历史就是学历史教材，学数学就是学数学教材，但是，不能说学语文就是学语文教材。教材是语文学习的对象，不是学习内容，是开发学习内容的例文或用件。课堂教学的关键在于处理教材。语文教材由相对独立的课文组成，课文内容具有综合性、广泛性、社会性、生活性的特点，天地、山川草木虫鱼、鸟兽、人情、世故、文史、哲理无所不包。普通高中阶段的学生可以主动选择和确定更多的学习内容。依据《普通高中语文课程标准（2003年版）》编写的教材有人教版、鲁教版北师大版、华东师大版、苏教版语文社、粤教版等7个版本，以人教版教材为例，教材分必修（5个模块）和选修（16个模块）两大部分。每一个必修模块又分为阅读鉴赏、梳理探究、表达交流、名著导读4个部分。阅读鉴赏部分由4个单元组成，每个单元前有单元说明，说明本单元的学习重点及学习要求。每个单元有4篇文章，选文以名家名篇为主，也有反映贴近现实生活、富有时代特色的作品。单元的组成兼顾文体和人文内涵，学习重点各有不同：4篇文章又分为精读和略读两类。每篇文章后面设计了研讨与练习,练习又分为必做题和选做题。此外,还有相关知识链接。表达交流部分包含了写作与口语交际两个部分。写作一共20个专题,每一个专题都有一个相对集中的写作话题和写作指导,还有丰富多样的写作练习。口语交际共设计5次活动,分别围绕一个重点进行。研讨与练习、梳理探究中也有写作与口语交际层面的练习。梳理探究共有15个专题,各有侧重。有的是对以前所学的语言、文学、文化等方面的知识进行梳理和整合,有的则通过自主思考或合作研讨的方式,培养探究能力。名著导读共选了10部中外名著,包含作品导读、背景介绍、思考与探究三个部分。

语文教学内容的类型化特征是一种客观存在。任何一种教学文本都有其独有的内容和结构。语文教师需要创造性地整合课程与教学资源,形成整体性结构性的思维方式,推进语文教学。给予学生思维的挑战,激发学生主动学习的兴趣和动力,培养学生宏观观照语文学习内容的认知能力,规划自己的学习和思维方式及迁移运用的学习能力。如采用"主题·整合"的方式,改变传统教学单篇教的教学方式,以主题整合教材组织教学,重构语文教学内容,举三反一,将各个领域的知识整合在学习主题中,在实践中领悟主题核心。

明确语文教材与语文教学的关系,联结语文教材与课堂教学,是语文教师课堂教学决策的必要条件。语文教师需要深入研究教材,围绕教学目标合理选取那些适合学生学习的、有利于学生发展的教学内容,在课堂教学过程中以学生学习教学内容的实际情况作为教学决策的依据。也就是说,教师所确定的教学目标与教学内容的一致性应该与课堂教学中教师为实现教学目标所做的一系列教学决策与学生学习教学内容的一致性保持高度统一。

(三)学习状况

课堂教学中,师生围绕教学内容开展一系列的学习活动,教师根据学生的学习状况做出决策。这里的学习状况指学情,包括课前的学习起点、课堂的学习状态、课后的学习结果三个方面。教师需要依据学生课堂学习的此在状态,从学生在课堂学习的过程中存在的问题出发,探查学生在学习准备、学习过程中的具体表现,快速诊断学生的学习状态,从而做出合理的教学决策。

研究制定学习目标(带领学生达到的目的地),必须做到"目中有人"。这个"人"就是学生,是教师最熟悉的陌生人。教师不能想当然地判断学生的学习情况,必须深入研究,理性分析,准确判断学生现在所处的学习位置,即学生现有的学习状况(它是学习的起点,也是学习的重点、难点以及实现学习目标的前提和基础),了解学生学习新知前所具备的知识基础,了解学生建构知识的方式,学生课堂学习的习惯(习惯于倾听教师讲解、同学发言,还是习惯于独立思考、表达交流)以及学生在学习新知上有可能出现的困难,了解学生的认知类型(如沉思型、冲动型)和认知风格的差别,准确找到学生的最近发展区,思考以下问题:高中生应当掌握哪些知识,发展哪些能力,培养哪些审美志趣,形成哪些思维习惯,具备哪些兴趣、理想、情感,意志及行为资质等。推断学生通过教师的帮助有可能实现的目标,思考帮助学生建立思考的方式,从而制定出适合不同层次学生学习的目标。

课堂教学实施具有过程性,是学生、教师、教材和环境相互协同的过程。教师应当重视教学过程的被组织阶段。"传授—接受教学"作为实现课程目标的重要方式仍须给予重视。教师"教"的作用不容忽视。如果教师没有认真分析学生不同阶段的认知水平,有可能做不到"从师生中来,到师生中去"。教师要努力让学生达到"愤""悱"的状态,使之渴望得到知识,进而分析具体问题,有针对性地解决问题,加以讲解,使学生较好地掌握知识。

作为一门基础性、工具性课程,语文课程在促进学生身心发展方面的作用毋庸赘述。但是作为一门实践性课程,学生使用汉语言文字的广大资源以及实践机会无时不有,无处不在。所以,应培养学生学习语文与运用语文的自觉意识。课程设计应联系学校和社会的情境,引导学生在阅读与鉴赏、表达与交流、梳理与探究的语文实践中体会、把握语文运用的规律,有效地推进语文运用的能力与方法、情感态度与价值观的整体发展。当代社会迫切需要高素质的创新人才,语文课程应当为人才的培养发挥重要作用,语文课程也需要不断创新。作为一门开放性课程,语文教师要帮助学生认识自己学习语文的已有基础、发展方向和需求,激发自我的学习兴趣和潜能,在跨文化、跨媒体的语文实践中开阔视野,在更宽广的选择空间中发展各自的个性和特长。

普通高中学生的批判与反思精神、责任感和合作能力的提高、自主发展及个性化的学习需求的满足以具备基本的语文素养为前提。语文教师要在语文课堂上对学生的课堂学习状况快速做出判断与分析，并在此基础上做出有效的教学决策。这个过程是循环式的。也就是说，语文教师要依据学生的学习状况而展开教学活动，要观察课堂，关注学生的课堂学习状况，有效组织、引导并促进学生的课堂学习。

学生的实际状况包括学生共有的年段特征、班级特征、知识基础、认知能力学习习惯、学习方式、兴趣爱好、思维方式、智力水平、学习需要等。随着学习知识量的增大，知识的系统性、综合性增强，语文学习的深度与难度加大，学习要求提高。随着应试压力的增大，与初中学生相比，高中学生的学习习惯、思维方式、学习能力、认知能力、学习能动性等均产生了相应的改变和提高。在语文学科的学习上，高中阶段的学生在高一、高二、高三不同学习阶段表现出不同的学习特征。这主要表现在对语文课程学习的重视度、学习方式的适应度、学习内容的理解度、学习目标的达标度、学习要求的落实度、认知能力的高下度、学习品质的优劣度、思维方式的差异度、学习需要的强弱度等九个维度上。基于语文学科的母语特征，部分高中学生对语文学习的认识存在误区，重视程度不及其他学科（如英语），课堂内外给予语文学习的时间和精力不及数理化等学科。对语文学习缺乏兴趣，或不满于教师的课堂教学产生厌学情绪，或找不到语文学习的方法，语文学习需求不够强烈，语文学习主动性不够强。高中阶段的学生必修与选修课程增多，如高一年级必修的科目有九门，高二年级增加了选修课，学习难度随之加大，高三年级即将面临高考，学生忙于应试，给予语文课程学习的时间非常有限。

语文教师必须正视现实，针对普通高中学生语文课程学习的特征及其学习心理，具体问题具体分析，深入研究任教学段、任教班级学生语文课程学习的共同特征及个体特征，将二者结合起来，综合判断学生已有的学习状况。在此基础上，选择适合学生学习的教学内容，确定适切的教学目标。在课堂教学中，全程关注学生的学习状况，从学生的表情、眼神、动作、语言等方面发现其学习过程中存在的问题。

关注学生课堂学习的此在状态，为教师的课堂教学决策寻找起点。如何观察、判断学生课堂学习的状态呢？其一，学生对课堂学习的内容是否有兴趣;其二,教师的课堂教学是否关注了学生的学习期待,是否最大限度地满足了学生内在的学习需求。语文教师要在课堂教学的过程中,应根据教学进度快速分析学生在学习过程中可能会遇到的困难,是否有学习需求,是否对学习内容感兴趣,以此做出教学决策,有效促进学生的学习。

语文教师在课堂教学中对学生学习状况的发现、判断与分析具有瞬时性的特点,需要教师根据学生在课堂上的学习状态和表现快速反应,快速分析判断学生对学习内容的理解程度和掌握情况。如哪些学生已经有所体验,但仍然感到有疑难的内容,哪些学生貌似理解实则并未理解,哪些学生以为没有问题而又不能回答老师提出的问题等。据此,依据教师拥有的教学知识和智慧,从外显性问题出发,快速诊断,分析归因,迅速做出帮助学生解决疑难问题完成预设的教学内容的有效决策。语文教师特别要善于发现学生学的问题,如学生学习过程中出现放弃状态或茫然状态,要通过学生的表情和神态或者动作行为,准确判断到底是不理解课堂学习的知识,还是不知道如何学习这些知识;学生的学习状态是否超出了教师预设的范围(如学生当堂提出自己在学习过程中遇到的疑问或者呈现出课堂学习形成的新经验时),如何科学有效地组织学生开展学习活动来解决问题,如何调整既定的教学策略,如何合理取舍教学内容,如何引导与推动学生展开进一步的讨论和学习,如何掌握、控制教学节奏以适应学生学习情况的变化并促进学生的深度学习。不能无视学生课堂学习的实际情况,简单地从教师个人的教学设计出发,按部就班地以既定的教学计划完成教学任务。

综上所述,课堂教学中,语文教师依据任教班级学生独有的学习需求和学习状态,通过学生学习过程中出现的各种问题表征来探查学生的学习状态,通过课堂上发生的关键事件来关注学生的学习状态,通过学生的眼神、表情、动作准确判断学生的学习状态,将对学生学习起点的分析与课堂学习状态的关注有机结合,产生行动关联,结合具体的教学情境及教学内容展开深入分析,弄清学生的困难,把握学生的学习兴趣点,重点关注学生对学习内容的理解与掌握情况,有针对性地开展教学活动,做出合理的教学决策,从而实现教学目标,提高课堂教学的有效性。

三、内容因素

普通高中语文教师课堂教学决策的内容因素即"决策的内容",回答教师"决策什么"的问题。这里的"什么"是指教师按照既定的教学设计,在实施课堂教学的过程中如何营造良好的氛围,科学合理地灵活运用多种教学策略、把握好教学节奏以便顺利实现教学设计所预设的教学目标。它包含教学氛围、教学策略和教学节奏。

（一）课堂氛围

课堂氛围是指在课堂教学中,师生主体间在围绕教学目标展开的一系列教与学的活动时而形成的某种占优势的综合心理状态。它是教师与学生在课堂教学活动过程中形成的某种稳定而积极的情感体验以及教师与学生对待课堂教学活动的态度和行为的综合反映,具有认知和情感的特征。这种综合的心理状态与教学的全过程紧密相连,具有综合性、稳定性和可变性的特点。在一定条件下,课堂教学氛围会形成某种学习共同体占优势的稳定心理状态,这种心理状态可以用一定的心理、行为指标来衡量。在教学过程中,这种心理状况一直会受到教师、学生、教学内容等因素的影响。以参与、秩序、交流三个指标为参照,可把课堂氛围分成两种:一是消极对抗的课堂氛围;二是积极良好的课堂氛围。后者是一种理想状态的课堂氛围。它表现为师生双方有饱满的热情,教师的教学与学生的学习状态积极主动、目标明确,课堂教学活动线条流畅,秩序井然,多数学生的求知欲望表现得较为强烈,学习注意力高度集中,思维异常活跃,教师与学生、学生与学生之间建立了充分的信任,情感交流充分并且深入。学生加入课堂活动的主动性与积极性大幅加强,参与面也变得更广,教师与学生双方的教学互动处于一种积极主动的状态,师生之间充满了为实现教学目标而获得成功的满足和喜悦。课堂教学氛围团结紧张、严肃活泼,共情共性、忘我投入,宽严相济、张弛有度。教师"教"的主体导向作用以及学生"学"的主体作用实现了一定时空里的和谐统一。在消极对抗的课堂教学氛围下,师生之间关系紧张,学生对教师存在信任危机,教师组织教学、管理课堂、驾驭课堂教学的能力和调动学生积极性的能力较差;部分学生讨厌上课,学习注意力分散,各行其是,课堂秩序混乱,难以开展正常的教学活动,通常不能完成教学任务,师生双方在课堂教学中找不到教与学的快乐,反而视之为一种精神负担。

课堂学习氛围是创造性开展课堂教学的必要条件。无论课堂教学是成功的,还是失败的,都与课堂学习氛围密切相关。课堂学习氛围的优劣直接制约和影响教师的课堂教学决策和教学效果。良好的课堂学习氛围给教师和学生以愉悦情绪的刺激,使人精神焕发,思维活跃,讨论热烈,交流顺畅,心灵相通,灵感迸发,情感交融,心理共振,达到教师"教"的最佳状态和学生"学"的最佳状态,充分激发了教师"教"与学生"学"的潜能,有利于开展教学活动,完成教学任务,实现教学目标。然而,在对抗或者消极的课堂教学氛围中,教师与学生的态度都会呈现消极状态,情绪相对低落,师生之间的关系疏远或对抗,学生的情绪低迷,学习注意力不能集中,思维反应迟钝,有时甚至会出现个别学生破坏课堂纪律、制造混乱的不良行为,影响师生教与学的积极性和创造性,不利于完成正常的教学任务,教学效果较差。教学氛围不仅影响教学进程中教师"教"的表现,也影响学生课堂学习的最终表现。因而,在设计教学时,教师应把创设、营造一个良好的课堂氛围作为设计重点,以专业理念为基点,基于个人的语文教学哲学与专业知识,多方设计,创造良好的课堂教学氛围,让适宜的教学氛围成为教师传授知识、培养情趣启迪智慧的催化剂。

(二)教学策略

教学策略是教师在教学过程中,积极主动采用的提升教学效果的规则、方法和手段的总和。这里的教学策略与管理学意义上的策略并非同一概念,既指教师为营造课堂教学氛围而选定的各种独具语文学科特征的教学方法,如朗读法诵读法、讨论法、品味法、涵泳法、讲授法探究法、表演法、模仿法等,又指教师对课堂生成的各类教学资源的整合与利用,教师对课堂关键事件的把握与处理。

教师通过一系列课堂教学决策营造良好的课堂教学氛围,需要一定的方法和技巧。教师运作良好的课堂应具备六个方面的能力,其中就有创设生动活泼、多样化的教学情境的能力。语文教学中,创设良性的课堂情境,营造一个良好的教学氛围,不仅对激发学生的求知欲、提高学生的语文学习兴趣、发展学生的智力水平、提升语文能力有重要的作用,而且对提升学生的语文素养、提高语文教学的质量能产生积极的影响。

第一,认真备课,精心构思,科学合理地设计教学。这是营造良好课堂教学氛围的前提和基础。教师应按照教学要求，认真钻研教材，把握教学重点、难点，明确学习内容和要点以及学生掌握这些学习内容所必备的知识基础和能力水平，在此基础上明确用什么样的方法给学生教授这些知识，给学生提出什么样的要求，确定最佳的教学方法，避免在课堂教学中出现随意的教学行为。此外，也应给学生提出课前预习的具体要求，使之熟知学习内容，为课堂学习做好充分准备。

第二，适当规约，开合有度，科学有序地组织教学。规则、秩序和约定是为了使事物顺利发展而被人认识并制定的。可以说，制定规约是事物发展的内在要求。课堂的规约是为了让教学能够顺利有效进行而制定的。然而，在某些场合，规约成了事物发展的限制而不是条件，这就需要我们重新审视和制定规约。在课堂上释放学生的能量和情感需要把握好尺度，做到既能有效开展课堂教学，又能合理科学地释放学生的能量和情感。语文教师应想方设法运用合理的教学策略，组织管理课堂。适度规约，培育和谐的师生关系，形成良好的课堂纪律，促使学生产生强烈的学习兴趣，以饱满的学习热情全身心投入课堂学习，产生强烈的学习需求，全神贯注，认真听讲。科学合理的教学策略主要体现在以下几个方面。

第一个方面：指导提问。语文教师应指导学生在积极主动的课堂学习中创设问题情境，运用多种教学策略有效引导，促使学生积极主动地、全神贯注地投入学习，在学习的过程中发现问题，抛却顾虑，大胆提问，在"生疑—析疑—解疑—生新疑"的良性循环中，围绕问题，环环相扣，层层深入，互帮互学，互促互进。

语文教师可设计一系列复杂的具有挑战性的问题引发学生深入思考，并鼓励他们采取元认知行为调节学习思维——从社会性互动到自我调节学习的转变。设计的问题应有利于促进学生语文知识建构、语文能力提升及语文学科思维发展。教师在课堂上提出的问题，应是具有明确指向的且清晰的问题，是便于多数学生理解的问题。教师提出问题后应有短暂的停顿，应给予大多数学生思考问题的时间，给予每个学生回答问题以及其他学生补充回答的机会，并对学生的回答予以及时评价。

第二个方面：指导讨论。语文教师指导学生开展课堂讨论活动应具有明确的目的，讨论的主题应具有一定的灵活度和开放性，达成讨论的结果应有一定的难度。教师在课堂上提出讨论要求时，语言表达应简洁明了而非模棱两可。组织学生讨论的过程中,应全程关注,宏观调控,适时引导。激活学生的思维,鼓励学生积极主动地参与讨论,对没有参与讨论的学生先给予耐心地讲解和鼓励,再让他们逐渐融入学习情境,融入学生的讨论活动,帮助他们有所进步。允许学生逆向思维,引入相反的观点来调节学习思维。同时,创设合作的学习环境,倾听学生的讨论并给予引导和评价。给学生布置的学习任务应由易到难,由简单描述到合理推论,再到分析评估。给学生互评学习的机会,为之创设一种从他人的错误中学习并且无威胁的轻松环境。在师生交流讨论结果后,教师应及时小结或归纳讨论,对讨论主题达成较为一致的认识。

第三个方面:课堂管理。课堂管理指教师在课堂上有效地组织学生开展形式多样的教学活动,用课堂规则维持课堂秩序,以便有效开展课堂教学活动。它包括行为管理、时间管理、练习管理。

行为管理。教师在课堂教学中应审时度势,全程关注学生课堂学习的每一个细微的学习行为,关注学生学习心理变化的细节,特别注意那些非正式学习状态的异常行为表现,如学生的分心行为、心不在焉的表情、面无表情的虚空行为等,运用教师长期积累的教学经验和直觉思维做出判断,及时修正不良学习行为,创设思维与情感互动的氛围,促进学生自主学习。尽量以隐蔽的方式及时提醒学生改变学习行为,转变学习状态,步入学习正轨。应充分尊重学生,爱护学生,切忌言语暴力,冷嘲热讽,严厉斥责,甚至动手打骂。此外,还应积极应对课堂上的突发事件。课堂教学中难免出现突发事件,教师要运用教学智慧,因势利导,以变应变,化消极因素为积极因素,机智果断地处理课堂上出现的突发事件。

时间管理。教师应合理规划、调控教学时间,超越课堂时空,把握教学时机转变教学方式,生成教学智能。首先,教师应重视课堂教学的生成性,避免因限于程序和环节的预设而出现课堂进程机械老套、课堂活动一板一眼、时间安排单调乏味、学生学习按部就班等情况,导致有效教学时间的丧失。课堂是一个师生生命对话交流的动态生成过程,这个过程中随时会出现无法预料的情况,教师应给学生留下"生成"的空间,使其有充足的自主学习空间,从学生的视角把握各种不确定因素,为他们的成长提供各种可能。教师创设、捕捉、利用与升华教学时机,彰显教师独特的教学智慧,体现课堂教学的开放性、共生性。这样既满足学生的需要,使他们的智慧得以增长,情感得以陶冶,又能使师生生命呈现多样性与灵活性。教师应在持续不断的"体验—反思—行动"中积累实践经验,形成教学智慧。其次,教师应重视课堂教学的目的性,避免因教师对教学目标主次不分、对课堂流程控制不力或对教学重点难点的突破区分不清而导致的有效教学时间的丧失,如随意举例、简单提问、放任讨论、追求细节、发散延伸等。再次,应重视教学的教育性,避免因教师对教学目标的定位不准和过分追求课堂活动的趣味性而忽视学科性、知识性、思想性和艺术性而导致的有效教学时间的丧失。如教学活动与教学内容脱节,师生活动泛娱乐化,滥用教学辅助技术,注重外在形式、忽视实际内容等。

具体而言,其一,要科学规划教学时间。在教学设计中制定明确且具体可行的时间计划;课堂教学中合理调控师生互动教学时间;课后及时反思,反思预设的时间是否合理,课堂上教学时间的调控是否恰当,是否将外在因素对课堂调控的影响降到了最低。其二,要把握最佳的教学时机。结合所带班级学生的心理特征、学习特征结合教学内容,准确判定学生课堂学习的有效时间段,选择最佳的手段和方法实施教学。如有的教师能抓住上课的前五分钟时间,创设情境,快速导入,让学生迅速进入学习状态,对学习内容产生浓厚兴趣,以使正式的教学活动有效开展。抓住有效时间教授重要内容,尽量减少因教学导入和过渡环节而浪费的时间。其三,优化教学行为,以最佳的教学方式推动学生的有效学习,如有效的学习方法指导、具体问题的解决方法和路径指引、合宜的学习方式的引导、个性化的学习策略引领等。

练习管理。教师应认识到并非每节语文课都需要布置练习,应结合具体教学内容,在必要的时候设计难易适度、数量适当的课堂练习。把握好课堂练习的时间,处理好课堂练习与课堂教学内容学习之间的关系,不能喧宾夺主,本末倒置。教师给学生提课堂练习的要求时,应做到表达清晰,要求明确(包括完成练习的时间、方式、字数等),有效指导,提出要求后应给学生必要的方法指导,如提取有效信息的方法、分析概括的方法、完成练习的思路、选择词语和句式的方法等。学生完成练习后应及时交流,全面把握完成情况,做出合理的评价。

第四个方面,内容呈现。教师应综合运用多种教育技术和教学手段,准确、简练、艺术地呈现课堂教学内容。教师应精心设计板书,板书内容尽量做到简而精,思路明确,线条清晰。常见的板书种类有回环式、问题式、情境式、对比式、篇幅式、线索式、阐述式、阶梯式,辐射式、表格式、归纳式、总分式、写意式,描摹式、主副式等。如主副式板书,充分利用黑板空间,设计主板书与副板书的具体内容。核心的、重点的学习内容放在主板书部分,基本占黑板三分之二的空间,知识点及学生课堂生成的问题放在副板书部分,大约占黑板三分之一的空间。当然,教师亦可通过多媒体辅助呈现教学内容,呈现的时间应与教学的进程相匹配,尽量节省时间。呈现的目的在于帮助学生理清思路,明确重点内容,把握学习难点。呈现教学内容的时间不可过早或过迟,内容不可过繁或过简,应注意节时性与适时性,给人以协调、匀称、明快的感觉。还可以通过多媒体展示学习重点及拓展资料以丰富课堂教学内涵,使课堂教学手段多样化,调动学生的视听感受,满足学生的多元智力发展需要,营造积极有效的课堂教学氛围。

(三)教学节奏

起伏有致、疏密相间、灵活艺术地调控课堂教学节奏,是营造良好教学氛围的艺术体现。教学节奏是解决课堂生成的诸多教学事件和化解课堂学习过程中产生的教学矛盾的有效方法和手段。教学矛盾具有多样性和复杂性,如德育与智育、知识与能力、主导与主体、重点与一般、教材与讲授、教与学、问与答、讲与练、详与略、博与专、多与少、增与减、快与慢、取与舍、虚与实收与效、隐与显、藏与露、起与伏、顺与逆、张与弛、接与断、升与降……教学内容的导入到教学内容的不断深入,再到教学重点的突破和解决,直至教学内容的巩固和小结,都需要把握和控制好节奏。节奏慢的时候,便是教学内容详细处理的时候;节奏快的时候,便是教学内容简略处理的时候。也就是说,当学习内容比较简单容易掌握的时候,当学习内容比较少的时候,当教学进入次要环节的时候,都可以加快节奏;相反,当学习内容有一定难度且难以掌握的时候,当教学进入突破重点和难点的主要环节的时候,当学生理解学习内容的过程中遇到困难和阻力的时候,当教师意识到学生掌握学习内容的方法不当的时候,都应放慢节奏。既注重知识的连贯性与覆盖面,又注重内容的阶段性和逻辑性。总之,教师应根据教学内容的难易程度和学生的接受能力,根据教学重点和教学难点,根据学情,不断调整节奏。把握知识点的具体分布特点,明确教学目标与教学重点和难点,明了知识的过渡与衔接方式,兼顾学生的整体学习水平。优化教学设计,突出教学重点,选择最为适切的教学方法,根据学生课堂学习的具体状况灵活调节学生的学习情绪,帮助学生集中注意力,延长兴奋点。

在这里,教师应注重调节学生学习思维活动的节奏,创设积极灵动的学习氛围。让学生的学习思维和思想情感与所学文本的思维和思想情感相吻合,兼顾形象思维与抽象思维,披文入情,当喜则喜,当怒则怒,或激昂或平静,或喜悦或悲哀,或得意或怅惘,或紧张或悠闲,或兴奋或平和,或愤怒或同情。这些都需要教师具有专业的教学语言运用能力。教学语言是教师在课堂教学时使用的语言,这种语言与日常用语之间存在较大差别。它一定是经教师精心加工之后在课堂上使用的语言,是教师完成教学任务的重要手段。教师良好的教学语言修养,通常能够使课堂充满逻辑性,给学生一种"寻宝"的感觉。每一步的设置、每一句话的表达和每一个动作的进行都有一定的道理。相反,教师教学语言艺术性不高,通常会导致教学效果欠佳,学生没有兴趣学习。教师富于变化的教学语言和个性化的表达方式,既可帮助调整教学节奏,又有利于教学效率的提高。如讲授语文知识点时语速平缓,描述情境再现内容时语调轻快,分析论证时语气坚定有力,过渡总结时措辞清晰明朗。总之,语文教师应结合教学文本的特点和课堂学习的内容调整教学语言,或低吟浅唱,或引吭高歌;或张口大笑,或涕泗横流;或静若处子,或动如脱兔;或游目骋怀,或迁延顾步;或促膝晤谈,或放浪态肆。独具个性的教学语言与艺术的表达方式相结合,将会给课堂教学节奏带来富有艺术性的变化,给课堂带来意外的惊喜。

一般而言,教师对学生学习状态的观察和掌控能力,对学生的认识能力和情感倾向在形成班级课堂学习氛围中起关键作用。教师应善于控制自己的情绪、语言和行为,科学合理地运用多种教学策略,把握教学节奏,科学管理课堂,组织学生有序开展各类课堂教学活动,主动营造良好的课堂教学氛围。既要防止节奏过快,紧张过度,又要避免节奏过慢,活泼失控;既要善于控制学生学习的情绪,使课堂热烈严谨,宽松冷静,张弛有度,又要避免过度规约导致的学生被动学习,情绪紧张,行为拘谨,反应迟钝,课堂气氛沉闷,或过度释放导致的学生过度兴奋,各行其是,随意喧哗,捣乱课堂。

真实的课堂教学情境由许多动态变量的相互作用形成,而教师的任务就是尽量对那些动态变量进行控制,并且对那些不可控制的变量做出明确的反应。特别是面对特定的课堂教学情境中发生的各种教学事件,需要敏锐地捕捉最佳教学契机,根据个人拥有的教学知识、信念、哲学和智慧,在不同条件下与学生互动,巧妙处理即时产生的教学问题,快速对该事件背后隐含的问题做出理性的分析和判断,追问在特定情形下产生的教学问题到底是什么问题,是否与学生的知识基础相关,如果是,是哪些知识基础,接下来应该采取哪些教学策略,最终做出行动决策。或更新原有的教学设计方案,或维持原有的教学设计。总而言之,教师做出的每一个决策都应依据课堂上学生的学习状况而定,并且为学生进一步开展学习活动创造各种各样的有利条件,促进学生的课堂学习。可以说,学生的学习状况是教师做出合理的教学决策的依据和归旨。

第三节 普通高中语文课堂教学决策的机制

教育学意义上的决策机制,指教育者在充分了解并把握决策内部各层面诸因素的前提下,协调各层面之间的关系,并使之发挥有效作用的具体行动方式。就本研究而言,教师的课堂教学决策要求教师充分关注课堂这一生态环境,对影响课堂教学的具体情境有专业的判断和宏观的把控,其决策的具体行动方式受多方面因素的影响。

一、决策主体

在教师课堂教学决策中,表面看来,决策的主体自然是教师。我们知道,课堂生态系统中的教师与学生是互为环境的,也就是说,教师与学生在课堂教学中具有双重身份:教学主体和教学环境。在此意义上可以说,教师与学生是互为主体的关系。作为决策主体的教师背后同样存在着学生主体。这样,对决策主体的研究就可以有两个角度:其一,研究教师和学生的哪些个性特征与学习状况影响了教师的课堂教学决策,包括课堂上教师的哪些个性情感影响了他的教学决策,学生的哪些个体特征与学习行为影响了教师的教学决策。其二,研究课堂这一动态的教学环境中,教师与学生的哪些个性情感与行为方式影响了教师的课堂教学决策。教师的教学决策体现的是教师这个人的教学哲学与教学信念,教师的个性情感对教师教学决策有较大影响。教师对教学的热爱和投入程度,教师与学生之间建立和培养的师生关系等,也会间接影响教师的课堂教学决策。特别是语文课堂的文学性艺术性、情感性特征,使得语文学科课堂教学中的师生关系尤为特殊。作为学习主体的学生而言,其个体特征与课堂学习活动强相关。学生参与课堂学习是为了自身发展的需要,需要在课堂学习环境中不断地学习自然和本能所没有赋予他的知识技能。学习是一种在学生自身内部发生的行为,能够引起学生的行为、能力和心理倾向上的比较持久的变化,由此产生的个性特征对学生的学习影响会大于教师个性情感的影响。教师正视这一点,将有益于做出最佳的课堂教学决策。

二、模型建构

课堂的复杂性和流变性需要教师在课堂教学中时刻关注课堂学习的具体情境,需要教师全程观察学生的课堂学习状况,以学生的学习状况为出发点做决策,以促进学生的学习、提高学生的学习效率为目的做决策,以实现教学目标为导向做决策。总而言之,教师所有的课堂教学决策都应基于学生,从学生中来,为了学生的发展,它是教师在具体的课堂教学情境中做出的一系列行动方式和反应过程。

依据行为决策理论,把语文教师放在一个课堂教学决策行为系统中来看,其课堂教学决策受本人认知能力的影响和局限,决策的行为模式受学习、记忆和习惯三方面心理因素的作用,因而只能根据掌握的有限信息和局部情况,按照不全面的主观判断来进行决策。决策中的非理性情感因素,如动机和情感会影响决策,良好的动机和情感有助于我们积极主动地对目标进行相关的思考,并按照事物的轻重缓急逐个实现目标。而语文学科教学的特殊性及语文教师作为决策者的特殊性,均使得课堂教学决策研究更加重视决策者即语文教师的决策动机和情感,兼顾语文教师的有限理性与动机情感,准确把握决策时机,在各种可行方案之间做出理性决策。当代决策理论用实证的研究方法研究决策者的实际决策过程,研究也更加系统,既关注决策的动态过程,又重视决策在时空开放与动态中不断形成的稳定与平衡,强调了决策者掌握的信息对决策的重要性。重视研究决策者个人的心理行为反应认为,决策者实施和控制方案也是决策的一部分。[①]

依据教学过程最优化理论,对教学过程诸要素的选择与最优方案设计着眼于节省教学时间,创造教学条件,选择教学方式,优化教学结构,整合教学资源,分析教学效果。这些举措旨在优化教学过程,提高课堂教学效率。教师在课堂教学中,对学生学的状态的全程观察、判断分析、决策行为,在本质上就是优化教学过程的行动过程。教学过程最优化理论抓住了教学论中的关键问题,即如何通过合理地组织教学过程,得到教学的最大可能效果的同时,又不致师生负担过重。为了使教学过程最优化,更需要在牢固掌握教育知识与技能的基础上,了解并系统掌握学科内容,灵活运用丰富多样的教学方法、手段和组织形式。此外,教学过程最优化理论重视研究学生的特点和实施教学的条件,了解学生学习的可能性以及学生学习的发展水平,在实施教学时尽可能照顾学生的个性特点(非盲目迁就),使学生通过课堂学习,把学习状态发展到一个新的更高的水平上来。教师将课堂教学任务具体化,最优化地组织教学。基于以上理论研究及实践经验的探索,笔者充分借鉴国内外课堂教学决策研究的优秀成果,建构了普通高中语文教师课堂教学的"情境—反应式"决策模型,具体呈现了语文教师在具体的课堂情境和复杂的课堂生活中发现观察诊断决策的依据、内容、内隐因素以及它们之间的内在逻辑关系。并认为,普通高中语文教师的课堂教学决策具有对象性、即时性、创生性、瞬时性、连续性、唯一性、智能性、个性、情感性兼具的特质,可帮助教师理性认识、客观分析、准确判断个人决策行为的有效性,提升课堂教学决策水平。

该模型设计为"三阶九维度",状似一颗红心。上部的教学目标、教学内容、学习状况三个指标为客体因素(决策的依据)维度,教学目标教学内容、学习状况三者之间是互为表里的关系。也就是说,教师的课堂教学决策依据学生课堂学习既定教学内容的具体状况和学生通过学习所实现的学习目标而定。教学目标的设计需要优先研究教材和学生,具体分析所带年级所带班级的学生学习语文的具体情况,确定教学内容。课堂上教

---

① 吴音莹.高中语文选修课学生个性的实现[M].长沙:湖南师范大学出版社,2017.

师围绕教学内容进行的一系列决策行为与学生学习教学内容的具体情况应是高度契合的,教师所做的决策均应围绕学生学习教学内容的实际状况而进行。中间的核心部分,即教学策略、教学节奏、课堂氛围三个指标为内容因素(决策的内容)维度。三者之间的关系为:教师调整教学节奏、教学策略,营造有利于教师教学与学生学习的课堂氛围。这里,教学策略、教学节奏的调整是手段,营造课堂学习氛围是目的。这里的教学策略与管理学意义上的策略并非同一概念,既是指教师为营造课堂教学氛围而选定的各种独具语文学科特征的教学方法,如朗读法、诵读法、讨论法、品味法、涵泳法、讲授法、探究法、表演法、模仿法等,又是指教师对课堂生成的各类教学资源的整合与利用,教师对课堂关键事件的把握与处理,教师选用的教学策略与教师的教学个性和师生情感密切相关。下部的信念体系、知识体系和个性情感三个指标为主体因素(决策的内隐因素)维度,其中教师的信念体系影响教师教学目标的制定,如教学过程中采用的教学方法,对学生的情感态度价值观引导,对学生不同的语文能力的培养方式,对学生语文学科素养的养成训练等。教师拥有的知识体系影响教师教学内容的选取和教学节奏的把握,如教师对教材内容的个性化重构与创生,对教材内容教学化的艺术处理,对课堂教学的宏观调控等。课堂氛围的营造关乎教师和学生双方面的个性情感。它既反映教师的个性情感,又体现教师对学生个性情感的关注度。课堂教学氛围会影响学生的课堂学习状况,进而影响课堂学习内容的掌握和课堂教学目标的实现。教师在营造课堂教学氛围时所做的决策是师生双方个性情感共生共融的集中体现,具有很强的人文性和艺术创生性。因而,任何教师的课堂教学决策都具有独特的个性特征和艺术特质,是教师个性和教师教学艺术风格的真实体现,反映教师的专业素养与教学水平,体现教师的理论水平与实践智慧,是教师专业素养与教师个人教学风格的综合外显。在此意义上,每一位语文教师的课堂教学决策都具有唯一性,是科学技术与人文艺术的高度统一,无法复制。

整体而言,该模型的结构具有二重性,即显性结构与隐性结构并存。模型中各维度的显性与隐性关系分别用实线和虚线连接。整个模型如一颗红心,心脏的核心是学生的学习状况。学生的学习状况是学生在具体的课堂教学情境中对学习内容的反应情况,教师应始终围绕学生的学习状况做出决策,因而笔者将本模型命名为"情境—反应式"。可以说,学生的学习状况是教师设计教学的前提和依据,也是教师调整课堂的依据,更是师生个性情感的外显形式。左边部分的"教学目标""教学策略"以及内隐的"信念体系"就像左心房、左心室,比右边的"教学内容""教学节奏"以及内隐的"知识体系"比重略大,这颗心脏的心尖儿是师生的"个性情感"。这里的个性情感既指教师的,也指学生的,是师生共同拥有的、彼此相互影响相互融合的心尖儿,是独具课堂情境性与师生个性情感的艺术创生。

三、运行方式

基于普通高中语文教师课堂教学决策"情境—反应式"理论模型的建构,根据要素指标体系,可对语文教师课堂教学决策进行定性描述。正确认识机制内部的影响因素(包括影响因素的内部特征和影响因素之间的外部关系)和作用方式,就能保证语文教师课堂教学决策的健康有序运行,为解决教师课堂教学决策实际问题提供分析的途径和调控的着力点。

(一)决策前

明确《普通高中语文课程标准(2017年版)》的课程目标与具体模块、具体单元、具体课文、具体课时教学目标的关系。《普通高中语文课程标准(2017年版)》提出,语文课程的总目标是语言积累与建构,语言交流与沟通,语言梳理与整合,形象思维的发展与提升,逻辑思维的发展,思维品质的提升,文学作品的鉴赏,文化的传承与理解,审美的表达与创造。如何依据总目标制定具体的教学目标,将课程目标落实到具体的一节课的教学目标中,需要语文教师拥有个人教学哲学和教学信念,对自身的教学理念、教学实践进行深刻的反思。如语文学科性质,普通高中语文教学性质,普通高中语文学科教学目标,语文学习原理,传统文化与语文教学,自身专业发展与学生学习等。这些内容涉及语文教师的课程观、教学观、学习观、教师观、学生观,具有相对稳定性,会影响语文教师的教学价值取向,领引起重视。

结合任教学校、任教年级、班级学生语文学习的实际情况,深入开展具体细致的学情分析。目中有人,方可运筹帷幄。学情,就是学生的学习状况。普通高中学生的学习能力和思维水平受社会背景、家庭背景和教育背景的影响,不同阶段的学生的心理发展特点尤其是语文学习的心理特点存在差异。相较于初中学生,高中学生学习的独立性和自觉性增强,学习兴趣与学生个性的关系密切,学习期望增高,情感需求增强,更加希望得到任课教师的关注、尊重与理解、信任,更加注重自我在群体中的角色地位,具备了一定的分析问题和解决问题的能力、自主学习能力。思维活跃,精力充沛,更加重视对未知世界的探索与发现,独立思考能力提高,评价判断事物的意识增强,智力水平不断发展,能识别学习任务的轻重主次,把注意力集中于对那些具有重要意义的学习任务上,并在较为复杂的学习活动中合理分配注意力。理解力增强,能比较精确、深刻、全面地观察事物,由表及里,透过现象看本质。主动习得知识、建构意义的能力增强,有明确的学习目标,不轻易盲从权威。有一定的独立批判意识和鲜明的个性化学习倾向。

  课堂教学决策前重在研究学生的学习起点,也就是教师所任教学段、任教班级学生的语文学习起点。这包括语文基础知识的积累及认知方式,语文能力水平层级,语文学习兴趣与习惯,语文学习思维及特征,语文学习需要与现状,言语智力水平层级等。既要研究任教班级学生的身心特点,又要研究学生的学习特点。通过深入具体的学情研究,宏观把握任教班级学生语文学习的总体特征,准确判断任教班级学生语文学习的重视度,语文学习方式的适应度,语文学习内容的理解度,语文学习目标的完成度,语文学习要求的落实度,语言文字运用的熟练度,语文学习品质的优劣度语文学习思维的差异度,语文学习需求的阶梯度等。

  基于个人的教学实践智慧,研究教材,重构、创生教学内容。语文教学内容是语文教师基于个人的教学实践智慧和学生的学习状况,在全面把握教材、深入研究教材的基础上适切地处理教材,通过对教材内容的精选、调整、开发、加工和重组,充分挖掘教材内容的教学价值,把教材内容转化为教学内容,结合学情以及各种类型的语文教学资源,选定新颖独特的教学角度,重构、创生新的教学内容,进一步从中确定最为核心的教学内容,即那些最有助于实现课堂教学目标的内容。教师应注重将课程内容教材化,教材内容教学化,教学内容问题化,问题设计串行化,设计问题典型化,典型问题焦点化。落实这些要求,需要教师具备完备的专业知识体系,包括必备的汉语言文学专业知识,汉语言文学教育的专业知识,语文课程与教学论知识,语文教师的实践性教学知识等。如果语文教师的专业知识体系存在缺失,势必影响其重构、创生教学内容的水平。

(二)决策中

始终围绕学生课堂学习的具体状况做决策。语文教师课堂教学决策的核心是学生的学习。换言之,语文课堂教学决策是基于学生的语文学习基础,为了促进学生语文能力提升和语文素养的形成,是从学生具体的课堂情境中、从学生围绕语文学习内容开展学习交流活动的过程中发现问题并即时采取的一系列行动的过程。语文教师在课堂上要全程关注学生的学习状况,通过学生的眼睛、表情、动作以及课堂上发生的关键性教学事件来观察学习,了解学生,及时发现问题,快速判断学生在学习过程中遇到的各种困难,特别是学生在语文学科知识的主观建构过程中产生的具体问题,运用教学机制和教学智能分析其中的原因,在学生"已知"与"未知"之间架设桥梁,帮助学生由"未知"达到"会知""能知""愿知"。

充分利用自身优势,积极主动地营造良好的课堂教学氛围。教师认真备课,精心构思,科学合理地设计教学,是营造良好课堂教学氛围的前提。教师要准确定位教学目标,把握教学重点和难点,明确所采用的教学方法。课堂教学中组织管理学生要做到适当规约,培育和谐友爱的师生关系,形成良好的课堂纪律,以利于课堂教学的顺利开展。要做到开合有度,适当释放学生的能量,满足学生的情感需要,以饱满的热情全身心投入教学,促使学生产生强烈的学习需求。要审时度势,积极创设师生思维与情感互动的情境,积极主动地融入学习活动过程,关注每一个学生的学习状况,点面结合,恰当引导。要善于调动学生的多种感官,重视学生思维与情感的互动与交流,艺术化地营造良好的课堂学习氛围。要充分利用教师自身的人格魅力,潜移默化地影响和推动课堂学习的进程,让学生在不知不觉中感受学习的快乐,享受成长的乐趣。

把握好课堂教学的节奏。灵活艺术地调控课堂、把握课堂教学节奏,是教师对学生学习内容的宏观判断,是教师处理课堂教学事件、化解课堂学习诸多矛盾的有效方法,是营造良好课堂学习氛围的艺术体现。课堂教学中要处理好语文知识学习与学生情感培养之间的关系,处理好学生接受语文知识与习得语文能力之间的关系,处理好语文知识讲授的点面关系,处理好学习教学重点与突破教学难点之间的关系,处理好教学内容的取舍与显隐关系,处理好学习过程的快慢与起伏之间的关系等。根据学生在具体课堂情境中的学习反应来灵活艺术地调节学生的学习情绪，促使其尽可能地集中精力，保持有意注意，延长学习的兴奋点。特别注意调节学生思维与情感互动的节奏，使之与所学文本或所表达内容的思维与情感相吻合。

灵活运用多种教学策略。教学就是通过有效组合特定的时空因素来促进学生生命的成长与发展。教师要善于引导学生，帮助学生打消顾虑，促使学生深入思考，用精准的教学语言潜移默化地引导学生规范使用汉语言文字。要关注那些有利于促进学生语言知识积累与建构、语言交流与沟通、语言梳理与整合的问题，有利于发展学生的形象思维和逻辑思维能力的问题，有利于提升学生思维品质的问题，能够增进学生对语言文字热爱的问题，有利于帮助学生运用语言文字表达自我情感态度的问题，能够帮助学生感受和体验文学作品的语言、形象和情感美的问题，能够引导和帮助学生传承中华文化、理解多样文化、关注并参与当代文化的问题。要善于倾听学生的表达，给予学生恰当的引导和评价，要及时归纳总结学生课堂学习的成果，要善于运用文学性情感性、激励性、引领性、富有感染力的教学语言。要把握教学时机，及时处理各类教学事件。要整合利用课堂生成的教学资源。要灵活使用多种教学手段，充分调动学生的视听感受，恰当利用多媒体技术辅助教学。要精心设计板书，艺术化地呈现教学重点和教学思路。要用规范的板书让学生感受汉字的形象美，增进学生对祖国语言文字的美感体验。决策前和决策中两个阶段在时间上有先后，在空间上相互交叉，在逻辑上互为表里。这两个阶段的每一个节点的决策因素都是在具体复杂的课堂生态环境中随机生成的。教师在决策的每一个节点都需要认真观察，用心发现，精心构思，合乎情理地选择与行动。这一过程中始终伴随着教师对自我决策行为方式的理性评价与反思，反映出教师的信念、知识、个性、情感对决策的间接影响。

（三）决策后

决策后的教学反思和教学评价伴随着教学决策的全过程。可以说，决策前的反思涉及教学设计的各个方面，决策中的反思无处不在，是瞬时的反思和决策，而决策后的反思则更趋于理性判断和评价。通过反思，可有效帮助教师及时调整设计，提高决策的有效性。

第四节 普通高中语文课堂教学决策的基本原则

作为决策主体的教师,在系统领会并掌握决策理论的同时,还需要明确课堂教学中哪些决策行为能够体现良好的教学决策,课堂教学决策应秉持的基本原则。宏观而言,普通高中语文教师课堂教学决策应遵循三项基本原则:目标导向性、适切可行性、艺术创生性。

一、目标导向性

基于语文课程内容的独特性与语文教学的独特性,课堂教学中,语文教师更多地倾向于在阅读教学中帮助学生理解教学文本,在写作教学中帮助学生表达思想感情。这包括理解教学文本蕴含的语文知识、价值观、情感倾向及其承载的思想观念、人生态度、审美取向等。以"理解"为目标的语文课堂教学,通常是通过呈现一系列的问题来引起学生更高层次的思维活动,把学生置于问题解决的脉络当中,使其理解教学文本内容,并与个人已有的知识与能力建立联系。语文教师在课堂教学中"提问"的这一决策行为可以体现语文教师设计问题的基本理念。理论上,语文教师提出的问题应能激发学生的思考,为教师进一步了解学生对学习内容的理解情况提供反馈。作为一种决策,语文教师根据学生围绕教学内容和教学文本学习的具体情况提问,目的是刺激学生进一步的思考,鼓励学生对已有的观点和理解进行详细的叙述,帮助学生建构新的知识体系,获得新的理解和体验。语文教师的课堂教学决策重在辅助学生在课堂学习实践活动中加深对教学文本的理解,在此基础上衍生出多个领域的学生感兴趣的主题,与学生校内外的经验建立多重关联,使学生以新的方式表现或运用自己有的知识;语文教师的课堂教学决策意在帮助学生改进其理解和运用知识的方式,帮助学生持续地评价、反馈和反思自我学习建构的过程。语文课程的人文性特质决定了学生对语文课程内容的理解存在一些不确定因素,师生对教学文本的理解与解释视角不同,产生的教学效果也会不同。良好的语文教师课堂教学决策应有鲜明的目标导向性。语文教师的教学决策涉及诸多因素及其相互关系,从掌握知识到形成能力,从理解知识到发展智慧,从学习方法到发展思维等。语文教师在一个个决策的渐进中启迪和培育学生的精神生命。好的语文教师所做的教学决策应将促进学生学习的意义建构与未来的持续发展作为决策的终极价值追求,应聚焦语文学科核心知识,兼顾三维目标,着重培养学生的语文核心素养。在教学设计前细读教学文本,做好教材研究和学生学情分析。在教学设计时选择那些最具教学价值、最有利于达成教学目标、最能体现语文学科本质特征、最具有发展价值的语文教学内容,将语文课程内容教材化,教材内容教学化,教学内容问题化,问题设计串行化,设计问题典型化,典型问题焦点化,努力沟通教学内容与学生内心生活世界之间的联系,不断激发学生的兴趣、情感和思维,促进学生持续性的建构学习。本质上,语文教师的课堂教学决策就是不断深入地走向师生心灵深处,丰富师生情感体验,涵养师生性情美德,提升学生感悟和思辨能力、审美与鉴赏能力,点亮语文学科知识,激活学生的学习思维,唤醒学生强烈的认知体验,于潜移默化中培育学生平正阔达的精神世界。[1]

二、适切可行性

语文教师的课堂教学决策是针对具体课堂中具体学习者的具体学习状况而进行的。教师的决策行为既要充分考虑语文学科的特征,更要充分考虑每一个决策是否有助于学生更深层次的学习,是否有助于引导学生持续地建构学习,是否有助于提升学生现有的学习水平,是否在最大程度上考虑了学生与学生之间的个体差异,是否有助于激发学生内源性学习动力,是否有助于学生灵魂的触动,是否有助于提升师生自身的智慧价值,是否有助于拓宽学生的学习视野,是否有利于学生开展深度学习,是否有利于为学生搭建前行的阶梯,是否有利于学生产生并持续保持最佳学习状态,是否有利于学生思维的发展,是否能兼顾能力训练与人文熏陶。在教学技术与手段的使用上是否有利于创设情境,提高效率,扩充容量,增加兴趣,提高效率。例如在文育文阅读教学中开展文言字词句知识教学,适切可行的教学决策应该是引导学生牢记那些具有内在联系的、结构化的知识,在理解文章内容的基础上掌握那些有可能构成记忆障碍的工具性知识。当学生在阅读文言文的过程中遇到难以理解的词语和句子

---

[1]孟凡军. 高中语文课堂教学评价标准演变概说[J]. 中学语文教学参考,2021(01):15-18.

时,如那些从未学过的陌生词语或句式,或者是貌似熟悉但并未真正准确理解的词语或句式,需要教师引导学生细心识别,自我开发,合作探究,根据汉字的造字法及特点,从词语的本义出发,结合具体的语言环境推断词语的语境义。词语的语境意义是千变万化的,需要教师指导学生掌握把握语境意义的方法,教给学生获得新知识的方法和策略,而不是直接告诉学生答案。如教师可以引导学生从词语的结构入手,或者从句子的语法规则入手,或者从修辞手法入手,或者从语言的逻辑关系入手,帮助学生学会在具体的文本语言环境中分析、判断、理解运用文言词语和文言句式,从而更加准确地理解和把握文言文的思想内容,提升文言文的阅读水平。

三、艺术创生性

理解语文教师课堂教学决策的实质可以有多种视角。如从组织教学的视角,从完成教学任务、教学目标的视角,从学生生命成长的视角,从学生的课堂学习状态的视角等,可以获得不同的有关语文教师课堂教学决策的价值、功能和意义阐释。这里所说的普通高中语文教师课堂教学决策原则是基于特定课堂教学情境与此在的普通高中学生学习状况的教师课堂教学决策。普通高中语文教师的课堂教学决策更多地体现在决策者本人对课堂教学的认知中,体现在普通高中学生的思维、情感、审美、德行等层面。好的语文教师课堂教学决策应该是兼具技术性、艺术性与创生性的决策。从课堂教学审美的通俗化、具体化、操作化层面来看,语文教师艺术化地理解、把握、实施课堂教学的一系列决策过程,体现的是一种高水平、高层次的教学境界。如同艺术家从事艺术创作,既有益于学生身心的全面发展,又可以给师生带来全方位的美的享受,给语文课堂带来艺术的美感,使语文教师体会到自我实现的愉悦感,有利于提升课堂教学效果。任何一种力求满足高度的道德要求和人的一般精神需要(即只属于人和构成人本性中的特征的那些需要的实践活动),就已经是艺术了。语文教师颇具艺术创生性的课堂教学决策,一定不是教师个人的独舞,而是师生协同活动的群舞。缺失了学生参与的教学活动,教师的独角戏是唱不下去的,更谈不上艺术性。那么,什么样的课堂教学决策才是艺术化的、创生性的呢?首先,艺术化的教师课堂教学决策具有综合性的特点,既有音乐的表现手法,又有绘画的表现手段;既有舞蹈与建筑的空间架构力,又综合了戏剧表演的动作、表情、体态、语调等表现手法。可以说,艺术化的课堂教学决策者集多种艺术素养于一身,能够运用多种艺术手法来推进课堂教学以达艺术创生之境。语文教师艺术化的、创生性的课堂教学决策作为一种为教师独创的、颇具教师个性的教学境界,其背后隐含的是语文教师扎实深厚的专业素养和全面丰富的人文素养、科学素养,它不是一朝一夕可以达到的。语文教师艺术化的课堂教学决策是语文教师投入自己的全部情感和智慧,调动自己的全部知识和积累,极富个性的创造性决策,体现了语文教师课堂教学决策的情境美、风格美和智慧美。艺术化的课堂教学决策一定是新颖有趣、引人注目的,是简洁明了、恰到好处的,是目的明确、针对性强的,是灵活机变、跌宕起伏的,是抑扬顿挫,动静交错的,是生动活泼、张弛有度的,是催人奋进、耐人寻味的。其次,创生性的语文教师课堂教学决策是在充分彰显语文教师教学艺术风格的同时,体现教师的教学哲学、教学智慧和教学技能水平。教学哲学决定教师的教学观念和教学艺术风格的形成与发展方向。教学技能水平作为教师教学艺术风格的重要组成部分,是教师教学风格赖以形成的基础。语文教师在课堂教学中创造性地生成的教学决策体现了语文教师的知识、能力、性格、气质和德行、品味、境界。语文教师在课堂教学中艺术化的、创生性的教学决策,充分彰显了语文教师课堂教学决策的实践品格。

第四章 "双减"背景下普通高中语文课堂教学方法

第一节 普通高中语文课堂教学方法的理论研究及意义

在语文教育的发展过程中,教学方法是随着时间而不断更新和变化的。在基础语文知识学习过程中,教师通常会采用游戏等教学方法来提高学生的注意力,促使低年级学生专注于语文知识的学习;伴随着年龄的增长和社会的进步,语文教学方法变得愈加丰富和多样化。例如,在笔者身边的教学实践中,有些教师会使用"微课"作为课堂教学方法来开展语文教学;还有的教师会使用翻转课堂来进行授课等。可见,多样化的教学方法不仅有利于学生掌握语文知识,还能提高教师的语文教学效果,这对于构建有效的高中语文教学系统是十分重要的。因此,教师应该在教学实践中逐步探索最为适合语文教育的教学方法,并结合实际教学过程来不断完善教学方法的使用过程。

一、有效的教学方法理论研究

过去的时代经济发展主要依赖于自然资源或者是物质力量的比较,而现在一个国家各方面的发展主要依赖于具有高度科学文化素养和人文素养的人才,21世纪的发展更是如此,人的发展是最主要的。因此,现在要让学生为未来的工作做准备,他们应具备一些如创新能力、应变能力、职业生活能力等,这些能力的培养与课堂教学有很大关系。杜威说,教育即生活;陶行知说,生活即教育。可见,教育与生活的关系非常密切,多样化的教学方法会给学生丰富的体验,增长他们的社会阅历,为学生的终身发展奠定基础。

在进行高中课程的文言文知识学习过程中,笔者发现,大部分语文教师对文言文阅读教学的态度是很认真的,教学工作也都是兢兢业业、踏踏实实,但却收效甚微,甚至在私下里被学生和家长评价为"少、慢、费、差"的一种教学,对非专业人士的评价,除了否认外,很少有人会再往深处思考。教师要向文言文阅读教学要效果,必须弄清楚一些看似基本、简单,却十分重要的问题,即文言文阅读教学的目标是什么;我们如何将这些目标尽可能地达成,在这样一个追求效果和效率的时代背景下思考这样的问题已经刻不容缓。

有效性教学是20世纪极具代表性的一种教学理论,也可以称为一种教学思想,由美国的加涅提出。它起源于西方20世纪上半叶的教学科学化运动,在美国行为主义心理学和实用主义哲学影响的教学效能核定运动后,引起了世界各国(地区)教育学者的关注,并在20世纪80年代形成了一股研究的潮流,之后逐渐扩展到我国。

关于有效教学的含义,我国学者通过对西方这一理论的系统考察,认为有效教学的解释可以归纳为三种基本取向,即目标取向、技能取向和成就取向,但是到目前为止并没有一个统一的解释。笔者认为,文言文阅读教学的有效性,事关教师、学生教学活动的意义和价值,所以,作为语文教育的一线教师,有责任和义务去认真探寻其中的要义和行之有效的策略。目前国内对"有效教学"内涵的阐述主要有以下三类观点。

第一种观点是文章《有效教学:理念与策略》中提出的,分别解析"有效"与"教学"。其认为"有效"主要是指教师在一段时间的教学后,学生所获得的具体进步或发展,"教学"是指教师引起、维持或促进学生学习的所有行为,而教学是否有效则以学生有无进步或发展作为唯一指标。

第二种观点是程红、张天宝在《论教学的有效性及其提高策略》中提出的,认为教学的"有效"是指教学活动有效果有效益和有效率。其认为要做到教学有效,教师应遵循教学活动的客观规律,以尽可能少的时间、精力和物力投入,取得尽可能多的教学效果,从而实现特定的教学目标,满足社会和个人的教育价值需求。

第三种观点是龙宝新、陈晓瑞在《有效教学的概念重构和理论思考》中提出的,认为"有效教学"应有三个层面的含义:表层上,有效教学是一种教学形态,它兼具了一切"好教学"的外在特征;中层上,有效教学是一种教学思维,集中体现为教师对教学进程的全面干预和主动调适;深层上,有效教学是一种教学理想、境界,显示着教学的开放性和时代性。

辽宁师范大学的研究生包宇认为,有效教学主要包含以下三层含义:第一,学生有效学习是评价有效教学的标准,学生的进步和发展是有效教学的核心内容;第二,实现教学的"三维目标"是有效教学的基本内涵,学生在教师引导下,在"三维目标"上获得全面、协调、可持续的进步和发展,这样的教学就是有效教学;第三,学生的进步和发展是通过有效果、有效益、有规律的教学获得的。有效果,主要是指通过教学给学生带来进步和发展;有效益,即要求教学效果或结果与教学目标相吻合,满足个人和社会的教育需求;有规律,即遵循教学规律,科学地运用教学方法、手段和策略以实现教学目标。[1]

二、有效的教学方法提升学生学习积极性

一提到高中生的生活,学生感受最多的是做不完的习题,枯燥无味的课堂。教师在自己的教学设计中没有人文关怀,没有生活体验,没有活动设计,只是围绕着考试的考点,反反复复地讲解试题。语文本应是最具趣味、最具人文关怀的科目。许多语文教师却把本来应该生动有趣的课堂,变得枯燥无味。讲课的教师自己疲惫,听课的学生痛苦厌倦。

如何让学习成为一件幸福的事?如何让学生既能取得好成绩也能在学习的过程中感受到幸福?笔者把目光投向了有效教学方法的改进,希望能从这部分语文教学方式研究过程中寻找到答案。各学科的教育都是人的教育,都在教授学生积极掌握数千年来人类在历史的进程中积淀下来的科学智慧,让人类更好地适应不断进步的社会生活,让人们实现自己的价值,不断创新,奉献社会。

有效的教学方法正是从人的角度来关注语文教学。有效教学方法是从学生的学情出发,借助教学领域的一个新思潮、新领域,帮助高中一线教学的语文教师在教学实践中遵循有效的语文教学方法,培养学生健康快乐的感受,做到高效率学习,发展学生潜能,提高学习力,提高学习成绩。最重要的是让学习成为幸福的事,让学生积极参与到语文教学过程中,并真心热爱语文知识的学习。

---

[1]张林.高中语文学习任务群教学实践举隅[M].上海:上海交通大学出版社,2018.

第二节 普通高中语文课堂教学方法设计现状

语文文学拥有得天独厚的艺术优势，教师可以引导学生走进充满奇幻的文学世界，从而提高学生的鉴赏能力及审美能力，以提升人格品位，实现文学教育的终极目标。

现代教学理论认为，教材、教师、学生是教学活动的三要素。在教学活动中，三者缺一不可。教师的教和学生的学通过教材而互相联系，密不可分。因此，当现阶段的小说教材、教师教学学生学习的现状不尽如人意时，我们要正视其中的问题，积极反思，以期寻求相对合适的解决方法。

一、重视语文教材的价值

荀子有云："君子性非异也，善假于物也。"中学语文教学也必须"善假于物"，从而实现自己的教育目的，语文教材就是教师教学的所假之"物"。教材是"教学之本"，作为教学的主要凭借，联系着教师与学生，在教学活动中占据十分重要的地位。如果教材选编不太理想，会直接导致教师在确定教学目标、组织教学内容、选择教学方法、进行教学评价时，偏离甚至滥用教材，不利于开展语文教学，不利于提高教学效率。因此，要促进语文教育现代化发展，势必要加强对教材的科学研究。

中学语文课程标准是国家制定并颁发的中学语文教学的纲领性文件，它体现了国家对不同阶段的学生在知识与技能、过程与方法、情感态度与价值观等方面的基本要求，它明确了语文课程的性质、课程目标、教学建议、评价建议等，提出了很多理想化的愿景，不过它毕竟只是一个抽象的、概括的指令性文件，其中抽象的精神必须通过一个中介来落实，以指导中学语文教学的实践活动。这个中介就是语文教材，通过教材中具体的选文、引导材料、课后练习等内容将课程标准的理念具体化。

每个学生都是一个独特的个体，要激发学生的学习兴趣，促进他们的学习，就要激发他们学习的动机。而要激发学生的学习动机就必须唤起学生的心理需要，引起阅读期待。教师在教学过程中要考虑学生的身心特点，满足学生的合理需要，必须考虑选择有效强化物来强化其学习动机。教材中的选文就是学生学习的直接"有效强化物"。

语文教材是实现课程目标,实施语文教学的重要载体。教材中的选文应依据课标而编写,符合课程标准的要求和规定。作为教学的主要凭借,教师凭借它来有目的,有计划地教,使教育所本;学生凭借它来有目的、有计划地学,使学有所据。如此,语文教材才体现出它应有的价值。

二、有效教学方法实施的意义

语文教学的价值就如黑格尔所说的那样,艺术的最高职责就在于帮助人认识到心灵的最高旨趣,在于它可以给我们以无穷的安慰,它可以安顿我们的生命,提升我们的生命到一个新的境界里去,开拓精神空间,建筑精神宫殿,它扩展了我们的存在,延伸了真实世界的背景和前景。因此,高中语文教学也具有重要的意义。

第一,有效激发学生的学习兴趣。毋庸置疑,文学是绝大多数学生都很喜欢的艺术类型。尽管笔者在问卷调查中发现学生对教材中的文学作品不太感兴趣,但相比较其他艺术形式,文学还是有一定优势的,对学生较有吸引力。传统的文学作品因其曲折动人的故事情节、生动鲜活的人物形象容易吸引学生的目光,例如,《林黛玉进贾府》中对贾宝玉、林黛玉、王熙凤等人物的描写精彩万分,读文字即能想见其人,学生在细细品读之际自然会领略到小说文体独有的魅力,从而激发学习兴趣。当然,教材中除了传统写实作品之外,还有一些类型的文学作品,诸如诗歌化写意小说等,这些文学作品也许学生初读时不感兴趣,但通过教师的有效教学同样可以让学生体会到别样的风采。学生对语文学习有了兴趣之后,就会形成自主学习的意识。有的学生可能读了《林黛玉进贾府》之后,会迫不及待地去读整部《红楼梦》,也可能读了《红楼梦》后对诗词产生了浓厚的兴趣,学生在兴趣的带领下打开了语文学习的大门,进而养成终身学习的习惯。

第二,提高学生的文学鉴赏审美能力。语文教学过程主张"注重个性化的阅读,充分调动自己的生活经验和知识积累,在主动积极的思维和情感活动中,获得独特的感受和体验"。还提出"学习鉴赏中外文学作品,具有积极的鉴赏态度,注重审美体验,陶冶性情,涵养心灵"。

在语文教学中,教师可以通过带领学生鉴赏文学作品来渗透美育,进行审美教育,使学生的身心受到美的感染与熏陶。小说是进行美育很好的载体。例如,学生读《边城》,在沈从文所营造的如诗如画的湘西美景中体悟翠翠细腻而纯真的情感,领略田园式的牧歌情调,人性的善与美随着诗意的语言流淌出来。教师在语文教学中可以引导学生鉴赏品味,提升学生的个性解读能力,丰富情感体验。

第三,促使学生树立正确人生观。很多文学作品都是经过了岁月的沉淀而流传下来的精华之作,代表着人类的精神文化。语文文学所表现的主题丰富多彩,多关注人性和灵魂深处,人世间的美与丑,善与恶被文学家用生动的语言表达出来,对"人"和"人性"进行了深刻的探讨。教师教学生阅读文学作品,其实是让学生带着自己的人生经验去体验小说中的人生,也是换一种方式去观察生活、体验人生,引导学生广泛而深入地思考"人性",从文学中优秀的人物身上看到人性的伟大,汲取力量,也认识到人性的种种弱点。读文学作品就是读世界读人生,阅读不同的文学作品其实就是在经历不同的人生,等同于间接地丰富了自己的人生阅历和生命体验。语文文学教学可以促使学生拥有积极的人生目标,树立正确的人生观和价值观,完善人格修养,升华人生境界。

"教师要想给学生一碗水,自己得有一桶水。"在知识爆炸的信息化时代,教师只有一桶水已经远远不能满足教学的需要,还得有源源不断的活水。新课程改革之后对教师的要求越来越高,教师要能成为教学活动有效的引导者、组织者、参与者,需要教师转变思维积极主动地继续学习,提升自己的专业知识和技能,从而能更好地驾驭课堂。在语文教学时,教师应该了解小说的发展历程,适当地吸收有关的文学理论成果,如接受美学、建构主义等,不仅可以给学生传授新的知识与方法,有利于文学文本的教学,还能开阔视野,激发学生的学习兴趣,更好地实现小说教学的终极目标。

21世纪的语文教学亟待教师更新文学观念,提高文学综合素养。只有这样才能满足学生日益增长和变化的审美需求。教师必须要经过长期刻苦的修炼,不断学习、反思、上下求索,"衣带渐宽终不悔,为伊消得人憔悴",终有一天会觅得"灯火阑珊处"的"那人",品尝成功的喜悦,让自己的语文教学"更上一层楼"。

第三节 普通高中语文课堂教学方法的设计与实践

进入21世纪,信息化时代的大背景推动着各行业理念的更新和技术的变革,教育信息化时代随之到来。2010年7月,《国家中长期教育改革和发展规划纲要(2010—2020年)》明确提出:"信息技术对教育发展具有革命性影响,必须予以高度重视。"随着"互联网+"行动计划的提出,传统的一位教师、一间教室、一所学校的封闭式教育将逐渐变为一张网、一部终端的"互联网+教育"。高中教育也不断强调信息技术与基础知识课程整合,以信息化促进人才培养模式改革,使每一位学生都获得良好的语文教育体验,并借此机会获得语文文学熏陶和人格的完善。

一、翻转课堂与类似教学方法

翻转课堂教学作为一种新型的教学组织形式,主张将课堂上的"知识传授"与课后的"知识内化"进行反转,这便对学习支持服务系统提出了更高的要求。在加快推进教育信息化和课程改革的背景下,"翻转课堂教学"作为一种新型教学模式,很好地体现了当代教育发展的两大趋势,即教育民主化和教育信息化。它能有效地避免传统教学中教学内容的强制性和思维过程的依赖性,真正实现"以学生为中心"的目标。它所强调的培养学生独立、合作、反思、探究等能力的理念,同高中语文教育改革的要求不谋而合。

关于"翻转课堂教学"的研究实践早于定义,早期的实践和研究集中在高校。随着研究的不断深入,各界学者和一线教师都根据自己的理解和实践对"翻转课堂教学"进行定义,同时衍生出与"翻转课堂教学"息息相关的微视频、微课、慕课等相关概念,笔者将就它们之间的关系进行阐述,并梳理出"翻转课堂教学"的特征。

翻转课堂教学进入中国后,国内众多学者从不同角度对其进行定义。华东师范大学慕课中心田爱丽基于操作层面提出对"翻转课堂教学"的解读,"学生课前学习微视频,完成进阶作业;根据学生微视频学习和作业完成情况,教师在课堂上有针对性地帮助学生完成知识的巩固强化、梳理总结、拓展深化或创造研究等"。南京大学张金磊教授和陕西师范大学张宝辉教授团队共同认为"翻转课堂教学"是借助信息化手段将课堂内的知识传授转移到课外,课堂中师生通过交流协作等多种活动完成知识的内化。这是从教学结构上对"翻转课堂教学"的定义加以界定。

综合以上对翻转课堂教学的定义,笔者认为,所谓"翻转课堂教学",简单而言即教师运用信息化手段,为学生提供教学微视频、音频、动画、PPT等学习资源,学生在家完成知识的学习,进入课堂后,教师引导学生答疑解惑、运用知识,从而实现教学目标的一种教学模式。

同时,教师还需要在教学过程中弄明白翻转课堂与其他相近教学方法之间的联系和区别,以便在课堂上合理利用,并有效提高语文课堂教学的有效性。翻转课堂与微课、微视频和慕课的区别与联系为,微视频是短则30秒,长则不超过20分钟,内容广泛,视频形态多样,可通过多种视频终端摄录或播放的视频短片的统称。教学中所涉及的微视频主要是指教师根据教学内容,借助信息化手段制作的教学视频。它是教师提供给学生课前自主学习基础知识的主要资源,是翻转课堂教学的核心要素。

关于微课的定义一直处于一个百家争鸣和发展衍化的过程中。当前众多实践和研究将其作为翻转课堂教学的配套学习资源来界定,认为微课是"为支持翻转学习、混合学习、移动学习、碎片化学习等多种新型个性化学习方式和网络教研方式,以短小精悍的微型流媒体教学视频为主要载体,针对某个知识点或教学环节而精心设计开发的一种情景化、趣味性、可视化的数字化学习资源包"。[1]

MOOC(慕课)指的是"大规模网络开放课程",是网络课程的一种形态。教师课前将讲授知识的视频等资源利用信息化手段压缩并存储在网络云端,供所有人学习,学习者使用电子教材,数字课程等网络学习资源,可以反复学习并与人共享。从慕课和"翻转课堂教学"的定义上可以看出,两个概念的外延是不一样的,前者强调网络学习,后者则是以网络学习为先导,但仍少不了课堂中师生的互动。但华东师范大学李明华教授将慕课分成了三种模式,其中内核式慕课为"网络课程+本地大学教授面对面深度参与教学模式",与"翻转课堂教学"较为类似。

---

[1]王丽芹. 提高高中语文课堂教学质量的策略探究与实践[J]. 考试周刊,2020(90):37-38.

综上所述,从学校教学的角度而言,"翻转课堂教学"不等同于微视频、微课、慕课,但又有着不可分割的联系。首先,它们都依托于"大智移云"时代的网络信息技术,并且网络信息技术的发展及其越来越广泛的应用,为教育变革提供了似乎无穷无尽的想象空间和探索空间。除此之外,"翻转课堂教学"与微课、慕课的核心要素均是微视频,而系列微课、专题微课近似于慕课,内核式慕课则近似于"翻转课堂教学"。

(一)翻转课堂的特征

1.随取的学习资源

学习资源是学习者自身之外一切与学习相关的事物的总称。翻转课堂教学为学生的学习提供了丰富的学习资源,除去传统概念中以教师和同伴为主的智力支持资源外,以图书馆、网络为主的材料支撑资源以及以教材和微课为主的学习内容资源也包括在其中。在获取学习资源的方式上,传统教学模式中是由教师为学生提供学习资源,学生则按部就班地被动获取学习资源。翻转课堂教学中,教师作为学生学习的支持者只是学习资源的一部分,学生可以根据自身需要,请求教师的指导,寻求同伴的协助,通过互联网搜索信息,通过社交渠道与专业人士对话等,多种途径获取学习资源。

以翻转课堂教学中的核心资源微课为例,这种学习资源借助信息技术,丰富了教学内容的表现力,弥补了教师口头讲授知识的短板。在传统的课堂讲授中,学生一本笔记一支笔,既需要认真听讲,又需要在瞬间即逝的语言中辨析适合自身需要的重点,同时进行记录,结果是学生听不清也记不全。大多数学生在课后采取的弥补方式是借同伴的笔记补全,但彼之全并非此之需,学生花了时间却无法查漏补缺。在翻转课堂教学中,学生可以借助学习平台及手机等材料支撑资源,随时随地观看微课,并根据自身特点和需求,自行控制视频进度;在面对难点和重点时,可以反复观看进行理解强化,还可及时记录下疑难之处,以用于课堂上师生的互动交流;在对知识和技能进行练习和复习时,可以及时检索巩固。可见,随取的学习资源是翻转课堂教学这一教学模式的重要支撑,它能帮助学生超前学习或查漏补缺,同时实现学习者的个性化学习。

2.教师角色更新

古人云:"师者,所以传道授业解惑也。"随着翻转课堂的出现,教师的角色也随之更新甚至翻转,教师不再是以单纯的知识传授者和灌输者出现,而更倾向于学生的学习咨询师,是课堂的组织者和学生的学习教练。学生课前通过微课的学习只能获得结构良好领域的基础知识,所以仍需在课堂上通过与教师和同伴的交流探究获得结构不良领域的深层知识。课堂上,教师从传统的传递知识的身份中解放出来,以组织者的身份带领学生合作探究,解决问题。学生在讨论解决问题时会出现信息缺乏的问题,教师以指导者的身份对学生进行个性化指导,帮助学生完成对新知的内化。

另外,翻转课堂教学中的教师还是学生学习的陪伴者。教学微视频能较有效地向学生传递新知,但冰冷的屏幕不能替代有温度的交流。翻转课堂教学中的教师利用面对面的交流,帮助学生内化知识的同时,更能有效加强对学生情感价值观和人文素养的培养。同时,教师在课堂上组织学生自主探究、合作交流,对培养学生的合作能力和创造能力均起到一定作用。

3.学习主体个性化

翻转课堂转变了师生角色,使学生成为学习的中心,他们通过观看视频积极讨论与交流来完成知识的自我建构。课前,学生自主学习教师上传至学习平台的教学视频,根据自身情况自定学习步调,安排学习步骤。学生可以在个人学习状态佳的情况下选择舒适轻松的环境完成愉快而高效的学习。学生在学习过程中遇到疑难点时,可以自行调整教学视频进度条,反复观看反复学习,最终通过自主且个性的形式完成新知识的学习。不同于传统课堂中学生被教师"牵着鼻子走"的情况,翻转课堂中学生被赋予了更多自主学习的权力。学生经过课前自主观看教学视频所产生的兴趣点、疑难点,向教师及同伴提出疑问,共同参与到师生、生生面对面的分享、讨论、探究、交流中。学生不再被"批量化生产",而是选择更适合自己的课堂活动参与其中、激发思维,从而完成对知识的内化吸收。

4.丰富的课堂学习活动

翻转课堂教学中教师将教学视频上传至学习平台,学生在课前即可自主学习,同时进行记录思考、质疑等学习活动。需要指出的是,这种学习活动并不等同于传统意义上的课前预习。传统教学模式中,课前预习也曾受到大众的提倡,但实际收效甚微。因为它要求学生对课本内容进行自学,这无疑是对学生提出了较高要求。认真的学生会借助工具书学习,带着问题进入课堂,而不认真的学生则只是圈圈画画做个记号,应付教师的检查。而翻转课堂教学中,课前学生通过观看教师制作的教学视频自主学习,跟随教师有目的地学习新知,声光影技术的渗透远比教材上的公式和文字更能激发学生兴趣,自然效果更好。

翻转课堂教学中课堂的学习活动包含讲授、讨论、互助、探究、反思、阅读、演讲、操作等,部分活动学生可以自主进行,部分活动则需要在教师的指导下有序开展。学生可以就自己在观看视频中的疑问和同伴交流、向教师请教,师生共同探讨。学生提出疑问的同时也可以作为答疑者解决其他同伴的问题,以此激发学习热情,增强学习信心。若学生没有提出疑问,教师可以根据学生情况提出更高层次的问题,要求学生解答。这样的课堂就成了教师和学生、学生和学生之间的一个交流对话平台。曾经的教师和学生之间的讲台障碍、心理隔阂会随着教师走到学生中间,与学生热烈讨论而消失。

5.多元化的教学评价

翻转课堂教学中学生的学习行为学习过程以及学习成果都是通过多样化形态呈现,因此评价方式也随之多元。伴随着信息化技术的使用,翻转课堂教学这种新的教学模式能够更灵活地实现对学生课前的诊断性评价、课中的形成性评价和总结性评价相联合、他人评价和自我评价相联合,定性评价和定量评价相联合的目的。这种多元化的评价方式,能全面反映学生在学习中知识的获取、能力的锻炼、素养的提升等情况。同时,多元评价方式具有导向和激励的功能,有助于发现学生的特长,激发学生的上进心。

(二)翻转课堂的教学应用

面对高中语文教学的困境,各教育同行纷纷提出脱困之道。其中依靠信息技术支撑的翻转课堂教学是当前高中语文教师乐于尝试的形式。但翻转课堂教学在理科、工科课程中实施得较为频繁,语文课程是否适用翻转课堂教学仍存在一定疑问。有学者认为,"其他学科更注重知识层面的理解与运用,而语文学科更注重对学生能力的培养与品格的塑造,注重学生与文本的对话、学生与教师的对话、学生与学生的对话"。但在笔者看来,高中语文及高中学生具有其自身特点,故在语文中实施翻转课堂教学具有一定可行性。同时,大量教学实践验证,翻转课堂的开展可以显著提升高中语文有效教学系统的构建。

笔者认为,高中语文翻转课堂教学应该是多样化的。新时期的教学改革强调要培养高中生的核心素养,即以三维目标为基础的"适应信息时代和知识社会的需要,解决复杂问题和适应不可预测情境的高级能力与人性能力"。同时,翻转课堂教学中课前的学习,侧重于学生对知识目标的达成,课中的质疑讨论交流则侧重于对学生解决问题的能力和人格的塑造,这正与高中生的核心素养相契合。在高中语文教材中,很多教学内容都是十分适合使用翻转课堂教学方法的。例如,"悠远的情思"收录文质兼美的经典散文,给学生情感陶冶的同时能训练他们的写作能力;"千古流芳一诗心"这一模块收录具有较高成就的古诗,学生课前诵读、课堂畅谈,个性解读能力得以提升;"格物而致知"是说明文单元,清晰的说明顺序、丰富的说明方法,让学生在自学和讨论中得以格物致知。同时每个单元的表达与交流及语文综合实践活动因为知识点集中,实践性较强,都更适合开展翻转课堂教学。

翻转课堂要更好地运用于高中语文教学中,必须在教学内容、教学活动及教学评价上遵循符合语文教学实际的原则。在原则的指导下,为更好检验翻转课堂教学与高中语文结合的适切性,笔者结合语文教材当中三大模块—阅读与欣赏、表达与交流和语文综合实践活动,选取相关课例进行阐述,以探究翻转课堂教学在高中语文中的具体实施途径及效果。

1.翻转课堂教学方法实施原则

为了更好地发挥翻转课堂教学的优势,真正提高高中语文教学效率,笔者认为,高中语文翻转课堂教学必须遵循以下三个原则。

(1)适用性原则

所谓"适用"的教学内容就是既符合高中语文特点及高中生特点,又能有效发挥翻转课堂教学特性的教学内容。笔者认为,虽然关于高中语文翻转课堂教学的研究一直处于较为安静的微妙境地,但即便如此,高中语文翻转课堂教学仍然要秉持宁缺毋滥的原则,不必停留在形式上的翻转,更不能选择不适用的教学内容。因为高中语文作为一门人文性与工具性结合的学科,其结论不能以一概之,其过程不能通过一个定理、一个实验推理得知。其学科知识交叉融合,因此,学习教材的准备就要融入更丰富的内容,制作"翻转课堂"课前知识传递所需学习教材的难度就更大,现行高中语文学科的教材是将语文知识融合在每一篇课文中螺旋式安排的,不容易进行整合,是否每一项内容都适合用来翻转,这有待商榷。

笔者认为,高中语文翻转课堂教学不能只是图一时的新鲜,更不能奢求一两次翻转就能使学生的语文素养迅速提升。教师应该有整体的宏观布局和控制,选择操作性强的教学内容,并将其分散于整个学期的语文课堂教学中。教师可以一个知识点、一个模块甚至是一册书、一个班级为抓手,整体把握教材内容,精心选择具备翻转课堂教学适用性的内容,如诗歌、应用文写作、口语交际、语文综合实践活动等。具体到每个内容,教师还需要加强对学生的了解,明确学生学习中的疑难,挖掘到对学生而言的知识的"闪光点"进行翻转。

(2)适当性原则

语文作为一门人文性极强的学科,既是高中生学习专业技能的基石,也担负着学生人文素养提升的任务。在高中语文翻转课堂教学中,教师和学生都从知识的传授和接收的境况中暂时解放出来,得以有更多时间在课堂上开展丰富多彩的活动。学生在教师的引导之下积极参与,动口、动脑,动情,提升能力的同时获得情感的熏陶。

高中语文翻转课堂由学生课前的自学和课堂的答疑练习组成,但这并不代表学生的学习活动只能是冷冰冰的屏幕和练习,它应该有更多的温度,这种温度就是师生、生生在课前获得知识的基础上,课堂上情感和思维的激烈碰撞。所以笔者认为,应该安排"适当"的学习活动,让高中语文翻转课堂教学的语文味儿更浓。

以诵读为例,这是传统语文课堂教学中的一个活动,运用在高中语文翻转课堂教学中同样"适当"。它能让学生将文字转换成声音,从而内化为审美,提高高中生学习语文的兴趣。学生披文入情,得以更加深刻而准确地理解文字中所蕴含的情感。同时,在反复的诵读中,学生积累语文知识,当达到一定量后,自然会得到质的提升,即写作能力的提高。翻转课堂中的诵读因为学生课前对知识的自学以及个性的理解,应该是更深刻、更富有情感的。所以,高中语文翻转课堂教学不能忽视传统语文教学中的诵读,而应将它持续渗透在课堂教学中。

(3)适时性原则

高中语文翻转课堂教学更加强调学生的主体性,从时间和空间上都给了学生学习的充分自由,但高中生因为学习目标的不明确,对学习重视程度不够以及多方面原因,学习的自觉性上较为欠缺,部分学生甚至缺乏对规则的遵守意识,若只是一味地给他们学习上的自由,最后很有可能无法及时有效地实现教学目标。所以,高中语文翻转课堂教学中,教师要制订好规则并严格执行,根据规则给予"适时"的评价,以促使他们更加自觉。

当学生在课前通过网络观看微课自学时,教师首先要保证网络的纯净和健康,其次可以通过笔记、博客等方式及时检查;对少数不自觉的学生,教师要利用学习平台上的跟踪模块重点关注、跟踪督查;当要求学生进行网络资料的搜集时,教师要明确查阅资料的范围和要求。当然,教师在准备学习资料时,要尽量选取贴合高中生特点的,符合他们审美倾向的。

在课堂上,因为学习活动的丰富和因材施教的原因,学生的座位可能会被打乱,甚至出现"下位置"的情况。教师首先要做到宽容,同时要合理安排座位,并且向学生提出明确的纪律要求,避免出现"放羊式"教学。教师布置任务,责任到人,由组长监管组员。在检查讨论效果时,教师不能只针对个别学生进行提问,而是采取随机或测验等方式,以确保每位学生合作探究的有效性。课堂上教师可采用多种手段刺激学生学习,如模拟情境展示、册本制作展示等,考核学生的学习成果,在学生已有水平的基础上肯定其努力和成绩,增强他们的自信心。在整个高中语文翻转课堂教学过程中,教师将诊断性评价、形成性评价和总结性评价相结合,对学生的学习行为进行适时且适当的评价,以促进高中语文翻转课堂教学的有效开展。

2.翻转课堂的具体实施

翻转课堂教学作为一种新兴的教学模式,借助信息技术的支撑,将知识传授和知识内化的顺序进行重新安排,使学生成为学习过程的主体,自己掌控学习的进度和速度。

笔者在梳理了"翻转课堂教学"的理论基础,并确定了高中语文翻转课堂教学的实施原则后,学习了国内外翻转课堂教学模式的特点,结合高中语文教学现状,尝试构建符合教学现状及特点的翻转课堂教学一般模式。

同时,为进一步检验翻转课堂在教学中的适用性,笔者结合现行高中语文教材三大模块——阅读与欣赏、表达与交流和语文综合实践活动,选择课例进行呈现,同时分析其效果及问题,试图在实践中寻找更合理、更可行、更有效的翻转课堂教学途径。

3.翻转课堂的教学目标

能了解散文,诗歌、小说、戏剧等文学形式的特点;注重阅读中的情感体验,感受教材中文学作品的思想情感和艺术魅力,学会初步欣赏文学作品。语文学习肩负着提高学生语文素养的重任。语文素养并非一种纯粹的知识或能力,它除了关联语文知识能力的习得之外,还与学生的认知能力学习能力、情意人格等密不可分,且彼此之间无法完全割裂。因而,在确定《回忆鲁迅先生》的教学目标时,笔者结合教学内容和教学对象的特征,整合三维目标,拟定为以下四点:一是赏形象,理解鲁迅先生平易温和可亲可敬的形象;二是品情思,体会萧红对鲁迅先生的怀念之情;三是习妙法,学习本文通过细节表现人物的手法;四是思人文、培养人文情怀,提高审美能力。

本文细节琐碎,但饱含深情,为此笔者将学习从生活琐事中展现人物性格的写作手法作为重点,以培养学生的语文应用能力。而体会作者在字里行间透露出的情思则是教学中的难点,以此实现语文课程的熏陶感染功能。

4.翻转课堂的教学环境

为了更好地对教法学法进行操作,笔者运用网络平台将文本资料有效整合,为任务的发布完成及评价搭建平台,借以实现师生、生生之间的交流互动。教师制作课件及微课,为学生创设平等的课堂环境,珍惜学生闪烁的机智,同时鼓励学生深入图书馆结合专业实践,积累经验,在鉴赏人物形象中有效迁移。将学生按照组内异质、组间同质的原则进行分组,全班共40人,分成5组,由组内推选组长,组长负责分配学生职责,要求人人有事做,事事有人做。

5.翻转课堂的具体教学过程

《回忆鲁迅先生》是一篇精讲指导课文,安排了两个课时,运用多元对话引领教学,通过诵读体悟润泽课堂。

笔者将学习任务及微课资源《笑谈大先生——关于鲁迅书目推荐》《刹那萧红》及《细微处见真情——细节描写手法》发布在学习平台上,明确学生的学习目标和主要活动,请学生观看微课,自主学习,完成任务。学生通过公共教室或者家中的多媒体资源来查看相关资源,观看微课,自主学习、探索,并在校园公共平台的答疑模块中汇报自己自主学习的情况,与同伴、教师进行交流。

笔者通过平台中的跟踪监测系统关注学生的自学情况,请学生在讨论区交流"我心中的先生",并完成课文后的思考与练习一和练习二,将完成情况上传至平台,让学生对鲁迅先生的形象有一个初步的感知,以此检测学生的学习效果。学生完成自学任务,大部分学生对鲁迅先生的印象仍然集中在伟人的认知上,这正好为本文学习中全面认识先生形象打下基础。同时课后两个思考练习难度也不大,学生基本能完成对先生事件的整理,但对连缀这些毫无关联的事件的线索以及部分细节有所疑问,而这正是第一课时的重难点,课堂将以此展开讨论。

在正式授课的语文课堂上,笔者用庄重的语调朗读《怀鲁迅》,总结出众人印象中的先生——伟人,同时邀请学生思考"萧红是如何怀念先生的?"

展示学生"寻找先生"这一课前自测完成情况,汇总学生答疑模块中的问题,交由学生小组讨论;教师巡视,个别辅导,同时将典型问题进行提炼,作为课堂的难点讨论,使得课堂教学更有针对性和有效性。

学生活动:学生小组讨论疑难问题,并相互交流,最终形成集中性的疑问,即"连缀这些毫无关联的事件的线索是什么?"(疑难一)"萧红为什么对先生有着如此深情?"(疑难二)

教师活动:针对疑难一,点拨对情感的体悟,同时提问"这种深情体现在哪里?请找出文中的相关语句"。

学生活动:学生小组合作,找出文句并体悟交流。如"这种眼光鲁迅先生在记范爱农先生的文字里曾自己述说过,而曾接触过这种眼光的人就会感到一个旷代的全智者的催逼",这句话体现出萧红对先生的崇敬之情;又如"许先生说鸡鸣的时候,鲁迅先生还是坐着,街上的汽车嘟嘟地叫起来了,鲁迅先生还是坐着"体现出萧红对先生的敬爱与担忧等。

师生共同总结:萧红对先生的感情——亲近、敬重、爱戴。疑难一的解决为之后深入理解萧红笔下"凡人鲁迅"做好情感铺垫,同时训练学生筛选和组织材料、推敲和体悟关键词句的能力。

教师活动:为了让学生更好地理解萧红对先生的深情,教师提出问题"萧红为什么会对先生那些日常琐事产生如此深挚的情感?这份情感的源头是什么?"课前任务单中已将本讨论题作为任务布置给学生,并准备了微课《刹那萧红》。

学生活动:各小组就课前观看微课感受进行交流,学生能从萧红的身世、先生为《生死场》所写的序言以及萧红和萧军刚到上海时,先生对他们生活的帮助等方面进行思考。各小组形成观点后,派代表在全班进行汇报。

师生共同总结:亦父亦师亦友。通过"翻转课堂"的形式本课的难点得以解决,学生自主探究及小组讨论的能力得以提升,课堂效率因此提高。教师活动:萧红运用怎样的手法表现先生的凡人形象?(细节描写)以此总结怀人散文的特点,帮助学生掌握语文知识。为了将知识转化为能力,布置片段写作"微写作《那人》(100字),要求通过细节表现形象和情感"。这也为评价提供了指标。

学生活动:完成微写作,组内先行交流。由组长组织,相互评价,推选出组内最佳作文在全班进行交流,也可以自愿的形式让更多学生进行展示,形成小组竞赛。师生对学生作品进行点评,着眼于细节和情感两方面。学生根据意见,课后修改作品并上传至学校的公共学习平台,评选出"最美'那人'",全面提升学生的语文素养。

《回忆鲁迅先生》翻转课堂教学,很好地实践了建构主义学习理论提出的知识的获得应该是学生在一定的情境之下,借助他人和必要的学习资料,对知识进行主动探索、主动发现和主动建构。例如,在对萧红和先生的深情的探索上,笔者课前在学习任务单中提出相关问题,并在教育传播论和视听教学理论的指导下,制作微课《刹那萧红》,为学生获得新知、内化新知、感受真情提供具体经验。在这一过程中,学生自始至终沉浸在文本的情思中,并在个体主动和共同协作中建构新知,探索出萧红对先生深情的源头,提升人文素养和思辨能力,也为后面的品读细节打下基础。

至此,一堂完整的翻转课堂语文教学方法实施就算圆满完成了。可以看到,在教学过程中,学生不仅可以掌握语文知识,还能通过自己的思考和参与锻炼自己的语文学习能力和提高知识掌握水平。因此,教师应该在语文课堂上充分结合语文教学资源,帮助学生提高自主学习的意识,将"翻转课堂"教学方法不断推广和完善。

(三)翻转课堂有效教学实施的意义

第一,激发学习兴趣,培养主体意识。高中生对传统的语文课教学兴趣较为单薄,在课堂上往往处于被动消极状态,忽视自身的主体性。但在翻转课堂教学中,教师将接受式学习和建构式学习相结合,利用声光电技术制作可看性较强的微课,并提供给学生多样化的学习资源,如文字、视频、音频、图片等,吸引高中生兴趣。高中生利用他们兴趣颇浓的手机网络展开学习,在好奇心中探索新知,得到直观体验后,进入课堂对知识做进一步探究。在教师设计的针对性的活动中,学生的主人翁意识也会增强,不再是被动地听,而是主动要求参与其中。在翻转课堂教学开始阶段,学生的参与可能仍然是一种"被参与",但通过竞赛、奖励、评优等方式,学生获得更多展现的机会,在多样性的活动中收获了成就感,渐渐从"被参与"过渡到"主动参与"。

第二,掌握学习方法,提高核心素养。高中语文翻转课堂教学利用信息化手段将课前、课中有效连接,学习活动丰富、灵活且有针对性。学生在课前观看教师制作的微课,不再拘泥于课堂40分钟,且能根据自身情况反复观看并发现问题;课堂上通过小组合作探究,质询答疑。教师作为学生学习的引导者和陪伴者,设计学习任务,引导学生搜集资料、讨论探究、展示成果,在多样化的学习活动中,高中生学会了学习的方法,同时观察能力、阅读能力、表达能力、动手能力、理解能力、思辨能力等核心素养都得到相应提升,为自身的专业成长和个人发展奠定了基础。

第三,实现因材施教,注重个性发展。高中语文翻转课堂教学将高中生的"差异"看作教学资源,在班级管理背景下有效实现个性化学习。教师从传统课堂繁重的知识讲授或课文分析中解放出来,能有更多时间关注每位高中生的"最近发展区",注重根据学生之间的差异性,制订不同层级的目标,让每位高中生都能够踮起脚尖够到知识。课前,学生依据自身学习风格选择学习资源;基础好的学生可以学得更快,先行进入教师安排的关于课文深度探讨环节或实践训练环节,基础较弱的学生则可以暂停或反复,将基础知识补足后再进入深度学习;学生在学习过程中有任何疑问,教师都可以为其提供个性化指导。进入课堂后,教师根据学生课前自测情况对教学内容进行取舍,设置问题情境,并有更多时间针对学生的疑问进行个性化指导,学生也可以在异质小组中相互交流取长补短。在学习评价中,师生结合学生基础和表现对其进行肯定并指出不足或发展空间,促进学生持续投入学习中。这从根本上体现了"教学内容问题化、学生学习个体化、教师指导异步化和教学活动过程化"的特点。

同时,翻转课堂的实施也有几个需要注意的问题,"翻转"内容要紧密结合语文课程;强调实践性和综合性的表达与交流,语文综合实践活动较为适合实施翻转课堂教学,而阅读与欣赏模块,则需要根据不同文体调整模式。

文言文和诗歌教学一直是高中语文教学的难点,也是学生学习的难点。考虑到高中生对文言知识及典故易产生畏难情绪,教师可以就这部分运用朗读、小动画、小故事、图片、音效等多种手段录制视频进行讲解,增加趣味性,加深学生的印象,能取得事半功倍的效果。例如,对辛弃疾的《京口北固亭怀古》一词,教师可将"孙权败曹军""刘裕建政权""刘义隆望敌而逃""佛狸击败宋文帝"和"老年廉颇不得重用"五个典故制作成精美有趣的动画微课,让学生产生聚焦式的体验学习,从而加强对辛弃疾"以文为词"的词作创作手法的理解,进入课堂后进行答疑指导,进而探究词作主题。

在教学非文学作品类的文体,如记叙文、议论文、说明文时,因为其知识点较明确,有方法可循,故教师在进行表现手法、说明方法及顺序或论证三要素的教学时,可进行"翻转"。学生在掌握文章写作方法后可在课堂中对主题做深入探讨。

小说戏剧因其篇幅较长、知识点较多以及主题丰富,故不适合整堂课"翻转"。笔者认为,教师可先行提供有关故事情节的教学视频供学生观赏,以整体把握,同时结合文本特点就环境、人物或台词中的某一要素进行切入,制作微课引导学生自主学习,进入课堂后进一步探讨主题等其他深入性的问题。

值得提出的是,高中语文阅读教学开展翻转课堂教学时,不能忽略对文字的品味与目光的对接。例如,上文中《回忆鲁迅先生》一课中的细节鉴赏就缺少了"语文味儿",师生、生生之间缺少了互动的活跃和心灵的对话。所以,高中语文翻转课堂教学在教学内容的选择上始终要注意"适用",不能在翻转中丢失了课程本身的味道,"没有了导入的精彩,没有了预设的苦心,没有初读的尴尬,没有诵读的音韵,没有字词的咀嚼",那么两者之间的适应性就有待商榷或进一步探索。

"翻转"实施要紧扣课程特点,上文主要是针对最新授课的教学来讲高中语文翻转课堂教学实施。但从知识点的集中性来看,翻转课堂教学更适用于复习课。复习课一直存在课堂气氛沉闷、复习效率不高的特点。教师可以从学生角度出发,采用翻转课堂教学模式,将新授课中的导学案变成导复案,课前明确复习目标和复习重点,围绕复习知识点制作微课,包括知识整合、答题技巧、典型试题分析等。学生在微课的指导下完成导复案中的自测,课中质疑,通过讨论和讲练把握复习知识,课后运用知识自查巩固,并接受个别指导。例如,在进行病句训练时,教师可制作微课介绍常见病句类型和真题例句,学生观看后完成相应自测题。进入课堂后,教师根据学生自测情况进行指导,再通过练习,学生自行讲解等方式深化对知识点的掌握,课后进一步巩固。

此外,"翻转"实施要抓住教学难点。通过阅读各种优秀作品,加深和拓宽对自然、社会、人生等问题的思考和认识,并能表达自己的理解、体验或感悟。这无疑是高中生在学习某些内涵较为丰富的文章时会遭遇的难点。此时教师应抓住这一"资源",利用"翻转课堂教学"将其解决。例如,讲授《神的一滴》时,为了让学生对梭罗的隐逸观有更鲜明的认知,教师可以制作微课"在自然的沉思中相遇——梭罗与陶渊明隐逸观的比较",通过讲解配合图片、视频,从时代背景、文化氛围等方面让学生认识到不同于陶渊明用隐逸的方式反抗现实,梭罗的隐逸更多的是一种济世情怀,是用简单的生活反对工业社会的物欲横流。

通过微课的拓展,引导学生关注内心,尝试思考符合在当今浮躁的社会中,寻找属于对自己的桃花源或是瓦尔登湖,从而实现对学生情感的熏陶和价值观的引导。

高中语文翻转课堂教学强调学生学习的自主性,但要做到完全自主则是一种理想状态。高中生长期以来习惯了跟着教师的节奏亦步亦趋,对主动学习缺乏明确意识,更缺少强烈意志。这就需要教师在实施翻转课堂教学时利用多种手段始终关注学生的自主性和积极性。

　　高中语文翻转课堂教学引进多媒体手段,能较好地吸引学生的兴趣。但要注意这种吸引不能仅仅停留在手段上,而是要将内容和手段紧密结合,让学生在被形式吸引之后自觉地进入内容的学习中。这就需要教师从高中生的心理特征出发,提供高质量的微课——技术要适度、方法要匹配、内容要精简。同时,教师要注意微课的内容要与学习平台中的作业、练习和课堂中的交流讨论等相联结,以便学生对知识进行巩固以及教师对学生进行诊断性评价,也促进学生在一定压力下自主观看微课。教师也可利用平台的检测系统及时关注,遵循适时评价的原则,在平台上与学生展开互动,"旁敲侧击"学生的观看效果,推进学生的有效学习。

　　高中生参与"翻转"的有效性,一定程度上依赖教师组织"翻转"的能力,这种能力包括专业素养和信息技术能力。首先,教师应该精通高中语文课程和教学大纲,在开展教学时能将教材的模块、知识点等进行整合,建立教学框架;能结合翻转课堂教学理念,有效选择合适的教学内容进行翻转。同时教师要有创新和独立意识,不将"翻转课堂"神化也不刻意曲解,大胆探索出最适合高中语文特点的翻转课堂教学模式。其次,教师要积极学习信息技术操作能力。上文中提到,教师要提供给学生高质量的微课,其来源包括两种,一是教师自己制作,这要求教师具备熟练操作PPT及各种录屏软件、音视频处理软件的能力,并且具有较好的审美力;二是教师借助网络平台下载微课,这要求教师对教授对象和内容的特点精确掌握,避免微课和教学实际的脱节。同时,翻转课堂教学与网络学习平台紧密结合,教师要熟知各种学习平台的操作方式及系统模块,以充分利用平台功能有效开展"翻转"。最后,教师要具备较强的课堂操控能力。这里的操控并不是控制学生,而是把握课堂的节奏。翻转课堂教学因其学科特点,课堂生成性较强,通常会出现突发状况或意外情节,教师要具备严谨完善的语文课堂教学机制和较扎实的人文素养,灵活应对。

　　综上所述,翻转课堂作为高中语文教学方法的有效性尝试,在实际教学实践中已经取得了不俗的效果和成绩。因此,教师可以结合语文课程的特点和学生的接受程度,积极开创翻转课堂,努力通过这种教学方法来提升学生的语文成绩,并通过这种教学方法来促进高中语文有效教学系统的构建。

二、情景模拟教学方法

情景模拟教学法是以哲学、心理学、教育学为理论基础，在教学一线的实践中萌芽生长的。情景模拟教学法以马克思主义认识论为哲学依据，以建构主义学习理论和情境认知理论为心理学依据，以社会学习理论和"从做中学"理论为教育学依据，融合了现代教育家李吉林的情景审美教学理论，它们为情景模拟法的研究提供了丰富的土壤和坚定的基石。论及情景模拟法的理论基础，笔者认为主要可以从以下三个方面展开论述。

（一）哲学基础

学习过程本身也是一种认识活动，作为教育者应该懂得，教学过程就是帮助学生通过其主观认识去了解外在的客观存在的过程。因此，作为教育者本身在运用情景模拟教学法时，应该首先对马克思主义认识论的哲学理论有所认识。马克思主义认识论正是从物质第一性、意识第二性的基本前提出发，认为认识的内容来源于客观世界，认识是人脑对客观世界的反映，没有被反映者就没有反映活动的发生。情景模拟教学法并不是教育者把课堂直接搬到社会生活中去，让学生通过零距离接触真实的客观世界去学习知识技能，而是变幻莫测、姿态纷纭的现实生活经过教师精心选择、加工、优化之后带进课堂教学，结合种种现代技术和设施，模拟出逼真的外部环境，以此促进学生对成人世界的认知和了解。模拟情境打破了校园与社会的壁垒，当学生置身其中时，他们是处在一个安全的、被保护和被鼓励的虚拟环境中，主观能动性会空前高涨，激发出探究这个陌生世界的好奇心，渴望亲身体验和多种尝试，他们的认知心理和情感活动都会在这个特定的情境中得到加速发展，而教师所期望的由被动学习向主动学习的迁移也将成为可能。

心理学依据。瑞士心理学家让·皮亚杰的建构主义学习理论认为，学习环境的四大要素是"情境""协作""会话"和"意义建构"，也就是说学习者获得知识的渠道并非来自教师传授，而是借助教师、同伴和必要的学习资料，在一定的社会文化背景下（即情境）通过意义建构的方式而获得。学习的情境性、主动建构性与社会互动性是建构主义学习理论所强调的重点。情境认知理论则认为，实践与学习相互依存，意义是通过实践和情境的协商得以体现的。所谓知行相交,知识正是通过情境化的实践参与来获得知识的习得与理解。

教育学理论依据。美国心理学家班杜拉的社会学习理论认为,人的学习活动主要有三种形式:一是体验学习,二是发现学习,三是接受学习。而情景模拟教学正是教育者努力打破接受学习的困境,为受教育者营造体验学习的场景,从而激起学生的研究意识和探索精神,把体验式学习发展成为发现式学习,最终能获得具体而深刻的学习成果。

上述理论揭示了相同的教学原理,即如果能够发挥学生在情境中的主动性和参与性,激发学生的求知欲和创造力,就找到了教学成功的关键。情景模拟教学法在班杜拉和杜威的科学教育理论指导下,通过对教学情境方便快捷的模拟,最大限度地整合教学信息,降低教学资源的损耗,从而更加行之有效地提升教学效果。

总之,前人丰厚的理论为情景模拟教学法提供了明晰的理论指导和强大的理论支撑,在此土壤上,成长出了以学生为主体,以虚设情境为教本,以亲身体验与演练为手段的全新的教学方法,同时避免了实践运用中的盲目和随意,也使得这种教学方法更具有教育的深度和哲学的内涵。

(一)情景模拟法实施原则

语文教学原则是在总结教学实践经验的基础上制订出来的,它既指导教师的教学活动,也指导学生的学习过程。调查结果显示,大部分高中教师缺乏科学理论的指导,思维惯性和自身惰性都使得教师沿袭旧规,随意无序成为高中语文教学的通病。因此,教育者应该遵循高中语文教学的特点和规律,构建一套适合高中教育的情景模拟教学原则,指导陷入迷局的高中语文教学,也为推动和完善语文课程改革探寻新的方向和出路。

1.情境性与开放性相结合

在高中语文教学过程中,教师应该意识到模拟的情境始终只是模拟,就好像再聪明的机器人也只是一台设备,它与现实生活始终具有不可逾越的差距,因此学生的语文掌握和应用能力的提升还需有赖于真实世界的磨砺,这就要求语文情景模拟教学还应该具备开放性。教师要带领学生走出用教材和设备打造的小课堂,把学生的注意力导向社会现实生活的大课堂,将课内与课外学习和生活联系起来,在开放的大环境中培养学生发现感知、接受和应用语文文学知识的能力。情境性与开放性相结合,可以让高中语文教学获取源源不断的素材,可以使高中语文教育教学改革的深度和广度都得到无限的拓展,并且,高效的教学方法可以加速高中语文有效教学系统的构建。

2.主体性与互动性相结合

马克思关于人的主体性的哲学内涵是这样诠释的,在主客体关系中,活动主体与活动客体的区别就在于人的主体性。教育学和语用学提醒教育者,学生只有成为学习的主人,教学才能卓有成效。在高中语文情景模拟教学中,学生主体性的特质表现得尤为明显,教师是教学活动的组织者引导者和点评者,学生才是整个活动所指向的目标对象。学生不是教师的提线木偶,不是教师开展教学过程的人形展示牌,而是具有足够的自主选择性和能动创造性的学习主体。教师营造模拟教学情境的最终目标是把平等和尊重信任和鼓励的理念传达给学生,让学生在宽松民主的氛围中,能够积极主动地表达自我,积极掌握课本中的语文知识,并通过情境中的体验和感受,切身理解文学创作者的创作情感和文章中表达的情感。

再者,高中语文课堂教学不是"独角戏",而是"群戏"和"对手戏",双向或者多向的交流互动才具有存在的价值。双向互动指的是交际双方的交流信息是动态生成的,自始至终都是以语言为载体,承载并反馈着双方想要传递的信息。因此,在情景模拟教学过程中,教师应该努力搭建起师生互动和生生互动的桥梁,让每位参与者都能对发言者传递的信息做出准确迅速的反馈,同时根据发言者的话题指向做出及时的调控和应对。只有将主体性与互动性相结合,才能在模拟训练中充分发挥学生的主动参与性和能动创造性,提升学生听说应对的能力。

3.探究性和有效性相结合

当然,运用模拟教学法并不是把情境简单粗暴地复制到课堂,教师所创设的教学情境还需要具有一定的探究性,没有探究性就不能激发学生对知识刨根究底的欲望,也就不能有效实现让学生在探究中掌握相关知识的教学目标。查阅相关文献资料时笔者发现,很多教师所创设的教学情境并不能称之为教学情境,有的甚至可以说是哗众取宠,并没有体现出真正的情景模拟教学法的内涵——探究性。

如果教师所创设的教学模拟情境并没有融入探究性的内容,那么它就像仓促草率的观光旅游一样,走马观花,效率低下,无法吸引学生的课堂注意力,更难以激发他们主动学习的热情。追求教学的有效性也是语文教育情景模拟教学法在实施过程中必须要遵循的一条重要原则。情景模拟教学法的实施并不是随意而为之,它的实施具有一定的目的性。假如教师所创设的教学模拟情境与课堂教学内容的契合度不高,这样的情景模拟教学就是低效甚至无效的,也就丧失了实施的必要性。因此,教师在情景模拟之前必须要经过精心预设,在具体操作过程中也要严格把控课堂的全局和细节,从而保证情景模拟教学的实施效果。

(二)情景模拟法的实施意义

情景模拟教学通过全真模拟社会生活和课本描述的情境,把书本知识活化为现实,并让学生通过真实体验来获得真切的感受和人文收获。同时,这种教学方法还可以最大限度地调动学生的课堂参与度,使学生通过积极参与来获得语文知识的认同和理解。这种方式不仅可以提高学生的语文学习效率,还可以有效构建高中语文教学系统。

情境教学法要求教师在教学过程中注重整合各种渠道的信息,结合课内外各类教学资源,针对语文课本中的课程,把纷繁复杂的社会生活情境搬进课堂,通过逼真的情境演练去感知现实世界的精彩多变,在实践课堂活动中切实提高语文学习能力和知识感知能力。教师应重视根据教学目标里设置的单元教学要求,组织开展与情境相关的多种语文情境创设活动,把课堂模拟成与现实世界无限接近的现场,让学生在快乐和自信的氛围下积极表达自我,塑造自我,完善自我。

美国语言教学专家布莱尔认为,语言学习要给学生构造出丰富的习得环境和学习环境。情景模拟教学法的实施将成为一种备受欢迎的教学方法列入高中语文教师的首选,教师通过营造真实生动的语言交流环境,大力改变课堂教学中沉闷无趣的教学氛围,让学生从"不愿说,不会说"转变成为"又想说,又能说"的状态,轻松自如而又得体大方地进行自我表达,为高中语文课程的教学改革带来持久的动力。

情景模拟教学法革新了教师的教学理念,使得教师在教学实施过程中,能够主动积极地阅读相关书籍和理论,拓展知识面,加深对语文情景模拟教学理论的认知程度。教师以新的教学理念为指导,在组织准备和课堂指导时,在学生群体中正确示范,周密部署,营造轻松和谐的语文课堂教学氛围,循序渐进、扎扎实实地训练学生的参与能力和语文感知能力;同时加强课后教学反思,构建新型语文情景模拟教学的评价体系,通过多层次、多角度的评价反馈,总结经验教训,及时重新调整教学思路和探讨教学途径,推动高中的语文教学改革与发展,既提高了教师自身的综合素质,也提高了高中语文教学质量和效果。

情景模拟教学法是教师通过创设教学情境,将社会性学习、参与性学习和体验性学习三者有机结合,互相促进,构建一个充满活力和生机的课堂发展系统,从而形成有情感的、创新的,具有人文价值趋向的课堂教学。正因如此,在前人理论研究的基础上,构建出具有高中语文教学特色的教学原则,将成为科学有效地实施情景模拟教学法的可靠保证和依据,同时也将在教学实践中充分体现实施情景模拟教学法的作用和意义。

三、问题教学方法

问题教学是以"问题"为中心的现代教学方式,打破了束缚学生思维发展的旧模式,遵循以人为本的理念,给学生发展提供最大的空间,培养学生的创新能力,转变学生的学习方式,提高他们发现问题、分析问题和解决问题的能力。这里采用文献研究法、调查研究法、经验总结法了解分析了目前高中语文"问题教学"的现状,主要表现为教师教学观念滞后学生问题意识淡薄、课堂教学气氛沉闷。对此,在高中语文"问题教学"的研究实践中,一方面教师应创设问题情境,合理发挥教师的主导作用,另一方面学生积极主动参与,充分体现自身的主体地位,培养学生的精神品质,增强学生的问题意识,训练学生的创新思维,从而构建师生之间平等、民主、和谐的关系。通过"问题教学",教师和学生能够相互切磋、共同提高,获得更加全面的语文素养。

随着时代的发展和课程改革的不断推进,"问题教学"的价值和意义也越来越突出。在传统的教学形式中,教师的思维代替了学生的思维,并没有真正认识到学生自己提出问题分析问题、解决问题的重要性。教师的过度干预不适应学生的心理需要,不利于学生思维品质的提高。高中阶段的语文课程仍然处于不可忽视的地位,因此,"问题教学"是高中语文教学改革实施的必然,能够进一步强化学生的问题意识,培养学生的创新精神和提高学生的思维能力,从而促进学生的全面发展。

对于"问题教学法"这一概念,人们在理论和实践的研究中不断赋予

"问题教学"新的内涵。"问题教学"是让学生在寻求和探索解决问题的思维活动中,掌握知识,提高技能,进而培养学生自己发现问题解决问题的能力。在"问题驱动教学"过程中,学生提高了自主学习的能力,不断增强自身的创造力,并在获得知识的过程中培养自身的精神品格。

(一)"问题教学"的起源

关于"问题教学"的起源可谓历史悠久、源远流长,可以追溯到古希腊雅典的哲学家、教育家苏格拉底提出的问答法中,强调通过请问让对方自己发现真理。

(二)高中语文当中的"问题教学"

结合语文学科的特点,笔者认为,语文"问题教学"是教师引导学生以自主学习语文为重点,以语文问题为主线,通过创设问题情境,使学生发现和提出问题,教师引导学生通过自主、合作、探究的方式分析问题,提出假设,尝试解决问题并且对解决的问题及时归纳总结,进一步得到拓展延伸的过程。学生在自主、合作探究的学习过程中形成积极的学习态度,激发强烈的学习欲望,逐渐形成主动质疑和释疑的学习习惯,从而形成良好的思维品质。

"问题教学"以"解决问题"为基础,以有效地提高学生的思维能力为核心,以学生的发展为根本,在教师的合理引导下,在学生发现分析和解决问题的过程中,在教师和学生之间的互动中,实现学生自我归纳和自我促进。因此,语文"问题教学"具有以下三个特征。

1.自主性

学生的发展应该是自主的,学生是学习的主体,积极倡导自主、合作、探究的学习方式,鼓励学生自读课本,自我理解,尊重学生的个人感受和独特的见解。因此,"问题教学"鼓励和引导学生自主发现问题,思考问题,解决问题,鼓励学生进行调查研究,搜集、分析数据,总结和形成自己的知识。学生的自主参与意识越强,自我实现的力量越大,他们的要求越高,其智力因素就发展得越多。相反,自主参与意识薄弱,主体性缺乏发展,智力因素的发展将大大滞后。因此,学生自主参与意识水平和主观能力的发展反映了学生学习活动的水平。例如,在文言文的教学中,教师传统的教学方式就是通篇逐字逐句串讲,学生一边听一边做笔记,然后再去强行记忆,这种教学方式的效果通常使教师学生都事倍功半。因此,"问题教学"中教师可以鼓励学生自主阅读文本,找出不理解的词句,通过查阅工具书和回顾旧知的方法自己解决一部分问题,剩下不能解决的问题可以通过小组合作学习的方式,取长补短。经过一段时间习惯的养成,学生学习文言文不再依赖教师的串讲,不再依赖现成的译文。学生提问的人数,学生提出的问题数量都增加了,提出的问题质量也大大提升了。与此同时,学生自己解决问题的能力也提高了,以往认为文言文晦涩难懂的学生再也没有畏难感,反而多了几分成就感。"问题教学"使学生的自主参与意识增强了,因而自主学习的水平也提高了。

2. 创造性

在传统语文教学中,课堂主要包括教师导入、介绍背景、作者简介、文本分析等常规的环节,教师既是导演又是演员,学生只是生搬硬套地掌握知识,毫无创造地机械模仿。新课程理念下的语文"问题教学"突破了传统语文教学的俗套。首先,学生拥有了问题意识能够提出问题就是创造思考的体现。即使一时间不能独立发现问题,对于教师提出的问题能够独立思考,提出自己解决问题的方法也是一种创造性的学习。即便提出的问题或表达的见解缺乏深度和广度,只要是学生独立思考的都是个人创造性的成果。哪怕学生缺少新鲜的见解,但如果能从教师的引导和他人的成果中受到启发,使自己的学习效果得到改善都具有创造性的价值和意义。一成不变的传统语文教学方式会使学生形成思维的惰性,懒于发现问题和思考问题,所以"问题教学"一改传统的语文课堂的单调枯燥,变得灵活多变且富有创造性。

3. 过程性

无论哪一门学科,学习注重的是学生参与获得知识的过程,而不是结果。传统的语文教学通常只关注教学的结果而忽略了学生获取知识的过程。因此,在语文"问题教学"中教师应该以"问题"为突破口,引导学生独立思考和研究。同时,"问题教学"的过程也是学生获得情感体验、形成人生感悟的过程,学生掌握具体的知识和技能并不是最终目标,对所学的知识有了自己的思考和感悟才是更重要的。因此,过程比结果更重要,学生通过"问题教学"能独立思考产生疑问,并且通过各种渠道解决疑问,无论结果如何,过程是最可贵的,这样的过程让学生形成质疑探索的精神品质,从而极大地增加了学习的自信,从这一点来看,过程性是语文"问题教学"重要的基本特征之一。

(三)问题教学方法的现实意义

新一轮基础教育课程改革着重提出,要改变过于注重知识的传授的情形,强调形成积极主动的学习态度,学习掌握基本知识和基本技能,而且在这一过程中树立正确的价值观,改变课程实施过于强调接受学习、死记硬背、机械训练的情况,鼓励学生主动参与、乐于探究和实践,培养学生搜集和处理信息的能力、获取新知识的能力和解决问题的能力以及交流与合作的能力。因此,高中语文"问题教学"具有积极的现实意义,主要体现在以下四个方面。

1.培养学生的精神品质

高中语文教学不仅仅是知识的教授过程,也是学生良好的个性和健全人格的培养过程。比如如何培养分享与合作、积极进取、开拓创新的精神、科学态度和科学精神、高度的社会责任感和使命感。这是学生发展的另一个重要方面。过去的教师,通常剥夺了学生的感受和体验,在语文"问题教学"中,教师给予学生充分的体验,让他们提出自己的看法和意见,特别提出了不同于所谓的"标准答案"的观点,敢于挑战权威。这样能够逐步培养学生自觉参与、勇于挑战、开拓进取的品格。语文"问题教学"强调学生的独立思考,也强调集体合作。学生的独立思考可以解决一些问题,有些问题需要团队合作。教师要引导学生形成解决问题的能力,引导学生从他人身上获得好的启发,与他人分享共同的成果,让学生充分感受到合作分享带来的成功和喜悦。如果学生能够养成良好的精神品质,他们将受益终身。

2.增强学生的问题意识

创新源于问题,要保护和发展学生的创造力。要保护和发展学生的问题意识,开展问题教学。问题意识和问题能力是创新意识和创新能力的基础。问题意识是指学生在学习过程中会遇到一些难以解决的疑难问题,并在个人积极思维的驱动下,提出这些问题并解决问题。教师在"问题教学"中要注重培养学生的问题意识,使学生能够摆脱过去对教科书的迷信,摆脱以教师为权威的盲目状态,使具有强烈批判精神的学生,能够从问题的多角度、多侧面思考,提出新的思路和解决问题的方法,充分展示学生的个性,使学生能够创造性地学习。教师引导学生从不同的角度分析问题,进而提出更多的问题,有利于培养学生思维的灵活性、创造性和求异性。问题教学能使学生在学习过程中大胆质疑,敢于提问,在问题的驱动下积极探索,解决思维上的疑惑,培养学生自主学习的能力。

3.训练学生的创新思维

新课程改革强调创新精神,倡导转变学习方式,培养学生的创新思维品质和自主探究能力。学生是课堂真正的主人,教师要充分体现学生的主体地位,让学生积极参与,不断提高学生的创新能力,培养学生的创新思维,提高学生的创新素质,提高学生对未来的社会适应能力和竞争能力,更好地使学生适应未来社会人才竞争的挑战。教师应鼓励学生不必循规蹈矩,一味地求同,而是敢于打破常规,各抒己见,表达出内心不同的声音。与此同时,通过"问题教学",教师还应鼓励学生突破原有的思维定式,用发展的、辩证的眼光看待问题和思考问题、大胆质疑,带着一种批判的精神去看待事物,这样才能有新的发现。"问题教学"培养学生的创造性思维,不同于传统教育关注的是提高学生的分数,创新思维可以激发学生的潜能,学生需要有机会在未来证明自己,以适应激烈的社会竞争,创新思维可以成为学生的宝贵财富,帮助他们实现自己的理想与价值。

4.构建和谐的师生关系

新课程理念下的"问题教学"正处于起步阶段,学生离开教师的指导就会找不到方向。关键不是学生完全脱离教师引导,而是如何避免教师主导作用与学生主体性之间的矛盾。问题教学可以很好地解决这一矛盾。布鲁纳指出:"教学过程是学生在教师指导下发现的过程。"教师不再是高高在上的权威,而是真正走到学生身边,走进学生心里。教师在教学过程中营造学习情境,激发学生的问题意识和学生的思维,进行提问指导和评价,使学生能够充分发挥主体作用。另外,问题教学着眼于学生思维能力的发展和自身的发展。学生自主参与和积极探究是问题教学的核心,没有学生的自主参与和主动探究,就没有语文的问题教学。笔者认为,"问题教学"既要发挥教师的主导作用,又要体现学生的主体意识,建立民主和谐的师生关系,使课堂充满活力,不再枯燥乏味,从而促进学生的自主发展。"问题教学"的起源可谓历史悠久,源远流长,古今中外的教育家、哲学家对"问题教学"这一概念进行了深入细致地研究。结合语文学科的特点,语文"问题教学"是教师通过创设问题情境,使学生发现和提出问题,教师引导学生通过自主、合作、探究的方式分析问题、提出假设,尝试解决问题并且对解决的问题及时归纳总结,进一步得到拓展延伸的过程。高中语文"问题教学"的研究是建立在认识论、心理学和教育学的理论基础上,并且结合高中语文学科的性质和特点,使学生在自主、合作、探究的学习过程中明确积极的学习态度,激发学生的学习欲望,逐渐形成主动质疑和释疑的学习习惯,从而形成良好的思维品质。教师通过"问题教学"有利于培养学生良好的精神品格和健全的人格、科学的态度和精神崇高的社会责任感和使命感等。

(四)问题教学方法现状分析

有许多当代教育学者使用"问题教学"指导各学科教学,但高中语文学科"问题教学"的实施才刚刚起步,还没有充分突出高中语文学科的个性特征,因此仍需不断完善。在当前高中语文"问题教学"的实施上,我们必须进行全面细致地了解和深入地分析,了解高中语文"问题教学"的现状,对"问题教学"的现状及其原因进行进一步的分析,了解目前"问题教学"存在的问题。只有解决了这些问题,才可以理性地探讨科学的"问题教学"的方法。

在高中语文实施"问题教学"的过程中,当学生在语文学习中遇到疑惑时,只有少部分学生会主动向语文教师提问,大部分学生担心教师的指责和同伴的嘲笑,所以只是自己没有目标地寻求答案甚至有时候不了了之。而当语文教师提出问题后,也只有少部分学生能踊跃发言,大胆自信地表明自己的见解,大多数的学生很少主动发言。当然,这与高中阶段学生的身心发展有一定的关系,但更主要的原因还是学生的问题意识薄弱。此外,学生在预学过程中发现并提出问题,教师也未能及时地收集并分析学生提出的问题,依然按着教师自己的教学思路组织教学,没有能够围绕学生的问题展开。这样一来,教师不能解决学生的困惑,学生也会因为自己提出的问题得不到解决从而逐渐失去提问的积极性。

目前,有一部分高中语文教师已经意识到了"问题教学"的必要性和可行性,因此越来越关注学生提出的问题,教师在课堂上能够呈现学生提出的问题,但是在分析问题和解决问题的环节中又容易出现教师取代学生的角色分析问题,没有让学生自己去诊断矫正问题,没有真正地放手让学生尝试着去解决问题。同时,教师的点评取代了学生的自评,教师的归纳总结取代了学生的归纳总结。总之,虽然高中语文教师有了"问题教学"的意识并努力地实践,但是在很多环节中依然存在不少令人担忧的问题,可以说任重而道远。

第一,教学观念滞后,形式单一。

第二,学生的问题意识淡薄。

第三,忽视课前和课后的问题教学。

(五)问题教学实践

全面了解高中语文"问题教学"的实施现状并且分析其中的原因之后,教师就要针对"问题教学"中存在的问题采取相应的解决措施。提高教学效率,保证教学质量,达到最佳教学效果,这是教学策略研究的重要目标之一。教学策略的选择是否恰当,对语文教学目标是否实现具有重要意义。高中语文"问题教学"的实施必须具备一定的条件,教师要合理发挥主导作用,学生要充分体现主体地位。"问题教学"要始终贯穿课前、课上、课后的整个教学环节中,并且做到环环相扣,才能在规定的时间内取得尽可能好的教学效果。

要保证教学策略的顺利实施,教师就必须首先明确教学策略实施所要具备的具体条件。只有具备了一定的条件,"问题教学"才会有可行性和有效性。高中语文"问题教学"的实施条件主要是从教师和学生两个方面来谈,从教师的角度来说,创设问题情境是"问题教学"实施至关重要的条件,教师需要发挥的是自身的主导作用。从学生的角度来说,学生的主动参与,学生的主体地位的体现也是"问题教学"必须具备的条件。另外,教师还要注意"问题教学"的实施应该贯穿整个教学环节,这一实施条件同样必不可少。

1.合理设置问题教学

教师不应简单枯燥地灌输理论知识,学生也不是随意地合作讨论来分析解决问题。教师引导的关键是如何帮助学生用理论指导实践,使理论与实践更好地相结合,使新课程的三维目标情感态度和价值观得到升华。在课堂教学中,教师合理地创设问题情境,能够启发学生的思维,从而使学生更好地理解和掌握相关知识,形成良好的思维习惯。

教师要有意识地创设各种情境,鼓励学生提问。创设问题情境,引导学生积极参与,激发学生学习的积极性,使每一个学生都有一个全面发展的教育环境。创设问题情境教学是激发学生学习兴趣,培养学生善于思考、善于学习的有益尝试。教师以教学内容为基础,创设一种新的、可行的、开放的教学情境使学生在思维、探索和合作的环境中,养成主动学习的习惯,从而提高自己的思维能力。

在高中语文课堂教学中,教师要营造一种和谐轻松的学习氛围,这是提高课堂教学有效性的前提。传统的高中课堂气氛过于严肃,显得压抑枯燥,课堂如一潭死水,没有半点波澜。所以,"问题教学"强调教师要由知识的主宰者,课堂教学的操纵者,转变成教学过程的组织者、参与者、合作者。学生在这样和谐轻松的学习氛围里学习,更有利于师生之间情感的沟通、交流和融合,这样的课堂才是最富有生机与活力的课堂。在提出问题、分析问题和解决问题时,教师要学会该放手时就大胆放手,放手让学生去说,放手让学生去做。当学生对问题的理解出现偏差时,教师更要肯定学生提出问题的勇气,尊重学生对问题的不同见解,包容学生分析问题中的错误,善待学生提出的异议。教师只有相信学生理解学生、包容学生、学生才会愿意让教师了解自己,更多地提出自己的疑问并更自信地自己去解决问题,这样才能更好地促进师生之间心与心的交流。在这样和谐的氛围当中,"问题教学"的实施使教师真正成为学生的良师益友,学生更愿意接受教师的引导和帮助,从而达到教学相长的效果。

教师要有意识地培养学生的科学思维方式,使他们更快地提高思维水平。在很大程度上,学生的思维能力是有限的。作为一名高中语文教师,要通过"问题教学"把握课堂教学中的每一个细节,促进学生思维的发展,在不断深入的活动中训练学生思维的深刻性,在表达和倾听中提升学生思维的严密性,在反思和质疑中增强学生思维的批判性,灵活地解决具体的实际问题,培养学生的创造性思维。同时,教师还应该关注学生的个体差异,不同的学生有不同的思维方式,教师要接受学生的多元化思维和不同层次的思维水平,引导学生打破以往的思维定式,用辩证的、批判的、发展的眼光看问题,培养学生科学的思维方式,使学生学会如何发现问题和解决问题。

2.学生主动参与,凸显主体地位

为了使学生真正成为学习的主体,教师应在课堂教学中体现"让学生学会学习"的指导思想。也就是说,教师应关注学生学习的主动性和积极性,引导学生养成良好的学习习惯和形成科学的学习方法。课堂教学应注重提高学生在教学中的参与度,即给予学生更多参与的机会、独立思考的机会和表达独立见解的机会,给予学生充分思考的空间和时间,使学生的学习过程变被动为主动,更好地调动学生的学习积极性。

学起于思,思源于疑。如果只是由教师提出问题,学生解答教师问题,学生就会一直处于被动思考的状态,这样容易形成思维上的惰性,不利于学生的长期全面发展。学生的积极思维通常是从疑问开始的。有疑问才能促使学生不断去探索,去创新。心理学研究表明,疑,最易引起思维的不断深入。在教学过程中,教师想要提高学生的创造性思维,就必须积极鼓励学生大胆地提出问题,积极地思考问题。改变课程实施过程中学生被动接受学习、死记硬背、生搬硬套的现状,鼓励学生乐于探索未知领域和积极地参与实践活动,重视对学生搜集和处理信息能力的培养,从而更好地获得新的知识,增强学生分析问题和解决问题的能力以及交流合作的能力。高中语文"问题教学"中教师应该为学生创设良好的问题情境,帮助他们提高对问题的认识,根据自己的个性特点和心理需要,调整学习态度和学习策略,寻找自己的学习方法和手段。通过养成主动提问的习惯,学生由被动接受学习转变为主动学习。

"独学而无友,则孤陋而寡闻"。如果学生在学习过程中只顾自己单独学习,就必然会导致孤陋寡闻眼光短浅。因此,在高中语文"问题教学"中,对于学生不能独立解决的问题,教师可以尝试让学生通过合作学习来解答疑难问题。高中语文教师要引导学生在分析和解决问题的过程中注重合作学习的作用,解决自己和对方的疑问并且乐于与他人交流自己的心得,在互相切磋中共同提高。同样,在"问题教学"中,学生通过合作学习,由被动转为主动参与,对获得结论的思维过程印象就会更加深刻,在这一过程中,学生还能培养合作精神和提高交往的能力。在合作学习中,学生与学生之间、教师和学生之间的讨论交流都会取人之长,补己之短,让思维活跃起来,并且不断地生成新的问题。可以肯定,合作学习是知识不断生成、不断建构、具有创造性的过程,所以学生积极参与合作学习来解决问题可以开阔视野,促进思维的发展,更好地优化学习方法,提高学习效率,增强人际交往的能力。

四、教师观念的转变与认识

(一)正确认识和处理考试和素质教育的关系

素质教育也是通过考试来检验教学成果和选拔人才。我们不能因为进行素质教育就放松教学的要求和降低考试目标的要求。教学活动中,考试可以对教学水平和教学效果、学生对必备基础知识和基本技能的掌握、预定的教学目标的实现等,加以检查和检验。考试在教学过程中的作用有:①诊断教学问题,能够帮助教师了解教的存在的问题和不足,了解学生学的方面存在的问题和不足。②考试可以为学生了解自己的学习情况提供反馈信息。③考试可以调控教学方向。④检验教学成果。因此,考试对于教学的检验有着重要的作用。我们作为教师不能推卸我们教育人、培养人才的社会责任,不能因为推行素质教育,减少课时,而放松教育要求,降低教育标准,更不能误人子弟。

(二)推行新的课堂模式促进课改的深入

我们必须在课堂教学上改变原先教学方式,自主学习,合作探究,充分地让学生动起来,让学生自主学习,自主学习是前提,自主学习不能解决的问题,在同学中互助探究,我们要避免不经过自主学习,就合作探究,这样不利于学生独立性的培养。我们的教学方式的主要方法有:①分组学习,是按照学生的学习能力或学习成绩,把他们分为若干不同的小组进行教学的模式。这样,每个人都有思考的机会和时间,不但能互相促进,共同提高,而且真正培养了学生团体的合作和竞争意识,发展了交往和审美能力,强调了合作动机和竞争意识,真正起到了合作学习的作用。②自主学习,教师设计导学提纲,学生参照提纲认真读书,完成提纲上的内容,组内批阅,教师适时点拨,必要时进行反馈矫正。在此过程中学生要学会独立思考和自我反思。③合作学习,教师或学生提出问题,在教师引导下,学生在自主思考的基础上,同桌或小组内讨论,解决问题,得出结论和规律,然后在组内或班内展示、交流和评价,活动中让学生学会聆听、积极思考、反思与交流。④实验探究,设计实验情境,学生大胆猜想、提出假设、设计实验方案、实施实验、收集信息、得出结论、评价方案,在实验探究中让学生学会探究,培养科学的态度和合作意识。

(三)做好师生角色的转换加强学法研究

把教学重心从研究教材的教法上转变到研究学生的学法上。将学案的编写实用化,设计的学案应具有直观性、启发性、层次性、开放性,深入研究学生的最近发展区;通过观察自然现象、运用实验现象、新旧知识的联系、与生活的联系、分析有关的数据变化规律、新闻背景或新闻材料创设问题情景,提出问题,培养学生学习的积极性和主动性,学案的使用中教师的主导作用体现在编导、引导、指导、诱导上,编导"学案"的过程就是一个探究性的活动,它不是教案的翻版,它需要教师从帮助学生学会学习出发,按照从易到难,从表面到本质,从一般到特殊的认识规律,有层次安排学习内容。它还要求教师有创新精神,提出的问题要从课程标准出发,但又不拘泥于课程标准,要有利于帮助学生突破常规思维局限,有利于挖掘学生的潜能,有利于学生发现问题。在课堂上教师要从主演变为导演,把主演位置让给学生,走下讲台,深入到学生中去,培养学生的能力。我们应结合学校的实际情况,探究和推行新的课堂模式,促进课改的深入,以取得好的教学效果,更好地使学生健康成长。

第五章 "双减"背景下普通高中语文课堂教学质量监控

第一节 普通高中语文课堂教学质量标准监控系统

一、国内外教学质量标准监控现状

实施科学而高效的教学质量标准监控,必须首先建立一整套完整的监控系统。目前大学院校在这方面做得相对成熟一些。例如,沈阳农业大学根据应用系统控制理论构建了以教学质量目标为输入、以实际教学质量为输出的教学质量监控系统的结构。

在这个监控系统中,有5个信息相加点,其中有3个是人为建立的,故称其为"信息综合点"。

控制系统的信息反馈有正负之分,在系统的信息相加点处,如果反馈信息是与输入信息相加的,则成为正反馈;如果反馈信息是与输入信号相减的,则成为负反馈。在建立的信息综合点,各个反馈信息均是与输入信息相比较,以找差距、提意见和建议的,故称其为"负反馈"控制系统中,负反馈有利于消除系统运行误差,以提高系统运行的快速性、稳定性和准确性。正反馈会影响系统的工作性能,甚至造成系统不稳定。系统中的干扰信号主要指社会不良风气对教师、学生政治思想、道德水平、工作和学习积极性等方面的影响,故以正号表示其输入。在信息会合点处,它将与输入信号相加,造成系统运行偏差加大,效率降低,稳定性降低。

国外的情况是,教学质量监控从学校到地方乃至到国家层面,都是相当受重视的。

二、教学质量标准监控系统的特点

鉴于此,我们非常有必要根据现今基础教育的实际情况,建立一个适应多数中小学需要的教学质量标准监控系统。这个系统至少具备三个方面的特点。

（一）封闭与开放的结合

学校人才培养是在一个相对封闭的环境里进行的,因此有其封闭的一面,尤其是学科教学,大多在课堂内实施,也就是说教学质量的监控也必定首先满足这个相对封闭的环境需要。但无论是学校管理者,还是广大师生,无一例外都要与社会发生密切的关系。学校的任意一项决策,教师教学内容与方法的确定,学生的学习兴趣与内驱力,也都深受社会的影响。反之,社会的各种习俗、时尚、观念也通过各种途径、各种方法,渗透到学校教育的各个环节;或与教学教育形成合力,促进学校教育的发展,或悖逆学校教育方针与目标,成为学校教育发展的阻力。因此,在构建学校教学质量标准监控系统的时候,必须将社会影响作为一个必要的因素考虑进去。

（二）传统与现代的结合

自有学校教育以来,就存在教育质量的评价与监控。只不过教育评价标准的内容与监控的手段、力度、水平等都在发生变化。前人长期的教育实践,为我们留下了宝贵的经验和有效的方法,这些传统的经验与方法,是我们在建立新的教学标准与监控系统时所必须要借鉴与采纳的。

另外,随着现代经济与科技的高速发展,教育面临着巨大的机遇与挑战,教育的每一个部分、每一个环节,都不可能单纯依靠前人的经验和传统的手段来应付。尤其是教育教学的质量标准及其监控,需要有现代教育理念来指导,运用现代教育手段来实施,特别是需要将计算机技术、互联网技术、现代统计技术用之于教学质量的评估与监控。

（三）定性与定量的结合

毫无疑问,传统的教学质量监控主要以定性为主,虽然也有定量的分析,但主要集中在学生考试成绩的统计与分析上,而这也正是基础教育为现代课程论学者所诟病的主要因素。除了对考试分数做量的分析外,其他教学的过程与结果则大多是通过监控者的观察、调查、对比进行质的分析,通常带有较强的主观性,故其监控通常难以服人,也难以落实。而基于各种现代技术与手段的教学质量标准监控,显然具有更大的定量分析的优势。无论是教师的教,还是学生的学,无论是教学设计,还是教学过程,都可进行动态的量的分析。虽然这种定量分析,受数据采集的影响,仍然可能带有一定的主观性,但其相对的公平公正,还是能为更多的师生所认可。①

(四)监控与评价的结合

在上述方案中,监控与评价是相辅相成的,只要有监控,就有评价伴随;而客观的评价又能使被监控者得到一定的启示。评价的作用就是能够及时、客观地反馈监控的效果。评价可以来自领导、专家、同伴、学生,也可以是监控者。

第二节 监控者及其素质要求

一、监控者

(一)教师同伴

教师同伴在教学质量监控中起着最为重要的作用,这是因为,一方面,教师同伴对于学校教学包括教学对象、教学内容、教学方式及教学考核等最为了解,因此也最有发言权。另方面,教师同伴自身承担着教学的任务,通过对其他执教者教学质量的监控,可以在一定程度上提高其自身的教学素养与教学水平。因此,促进教学同伴之间的教学质量监控,应当成为整个教学评估与教学质量监控的一项重要任务。

(二)专家学者

教育专家通常是教学理念的构建者与倡导者,同时也是教学经验的集大成者和新教学技术教学方法的创造者,他们虽然不一定经历过基础教学实践的洗礼,但由于长期的调查研究和观察思考,使他们对基础教学有着更深刻的理解。因此,他们能够把准基础教学的脉搏,并迅速发现基础教育的"病灶",从而对症下药,开出妙方。在基础教育教学质量评估与监控中,专家学者起着不可替代的作用,他们或直接拟定教学质量标准,或指导学校制定修改教学质量标准。更重要的是,他们不但具有深厚的理论功底,而且与被监控者没有明显、直接的利益关系,因此,能够得出更

①罗黔平. 高中语文课堂教学实践与探究[M]. 长春:吉林大学出版社,2020.

为客观公正的结论。

(三)教育领导

教育领导主要指学校中层以上领导及教育行政部门的领导。一般说来,教育领导由于受时间、精力的限制,不可能在教学质量监控中,扮演经常性的角色,但他们的特殊身份,决定了他们的评价与监控所产生的作用与影响更大。一般说来,教育专家的评价与监控通常具有理性的说服力,较能使受监控者心悦诚服,但由于其较为软性,因此,其评价监控的成效通常会打折扣。而教育领导的评价与监控虽然有时并不科学,甚至非常外行,受评者或受监控者内心不一定接受,但教育领导掌握着更多的话语权,他们不但可以左右教师的奖金、升迁,甚至影响着教师专业的发展,故而具有一言九鼎之效用。

(四)其他

在学校教育教学过程中,社会上多种因素都有可能渗透进来,对教学质量产生着潜在的影响,因此,学校欲提高教学质量,还必须主动出击,邀请家长、社会名流来校听课观摩,从另外的角度对学校的教学提出一些意见和建议。虽然这些意见和建议也许不具备专业价值,有的甚至比较肤浅片面,但他们的意见和建议代表着社会大众的思想倾向和主流意见,需要学校认真思考对待。

(五)执教者

学科执教者不但是教学质量的被评价与被监控者,同时,他更是教学质量标准的执行者与评判监控者,而且,任何有关其教学质量的评价与监督都仅仅是外来因素,只有教师本身真正认识到了的东西,才有可能在其教学过程中得到真正的落实、实施。因此,执教者不但要根据他人的意见和建议在教学过程中进行必要的调整与改革,同时,他本身还要对学生的学习质量及教学质量的标准提出自己的看法。

另外,有效的自我评价和自我反省也是执教者成长的必由途径,而只有执教者自身的成长才能确保评价监控体制完善。

(六)学生

教师教学质量好坏,最有发言权的当数受教者(学生)。哪个教师教得好,哪节课最有收获,哪张卷子最能体现自己的水平,他们最清楚。因此,在学校教学质量评价与监控系统中,他们是当之无愧的裁决者。这就是不少学校进行"学生评教"活动的重要依据。但我们也必须考虑到,学生毕竟思想单纯,阅历不广,学识有限,容易产生从众心理,认识易受情绪左右,因此,学生的评教通常容易产生偏差,甚至可能出现"颠倒黑白"的现象。这就不可避免地产生这样一种悖论:一方面学生是教学质量评价与标准监控的主力军,另一方面学生的评价与监控只能作为一种参考,而不能起到关键作用。

二、监控者素质

虽然教学质量标准监控系统中监控者有多方面人员组成,他们的地位、水平、作用等各不相同,他们在系统内所履行的职责及监控系统对他们的要求自然也不一样。然而,倘若他们要在教学质量标准监控过程中发挥积极的作用,却需要有相同的素质要求。综合起来,有四个方面。

(一)与人为善

教学质量标准的评估与监控目的并非要为难人,而在于促进教学质量的提高,不过,实际上它避免不了人与人之间思想观念的碰撞,甚至群体与群体之间教学话语权的争夺。因此,如果评估、监控者与受监控者之间缺乏起码的信任感,或者受监控者误解评估监控的意思,就容易发生冲突,导致评估监控的负面效应的出现。为此,在进行教学质量标准监控之前,除了对评估者与监控者进行一定的技术指导外,还需要进行必要的心理疏导(即使是专家学者,也需要在自我提升教学评估与监督水平的基础上进行自我心理调适),帮助他们摒除杂念,抱着与人为善的态度,公平公正地进行教学质量的评估与监控,缩小评估、监控者和受监控者之间的心理距离,减少不必要的误解和因此而产生的矛盾冲突。[①]

(二)换位思考

评估、监控者除了应抱有与人为善之心外,还需要经常进行换位思考。因为,评估、监控者与受监控者的位置不同,对问题的看法及其心态也必定会有差异。如果不能进行必要的换位思考,那么,评估监控者的出发点虽好也会发生麻烦,所谓"好心办坏事"的现象就有可能出现。评估、监控者在实施教学质量标准监控时,应当设身处地为受监控者着想,站在

[①]王海军.高中语文课堂教学之有效评价[J].情感读本,2016(20):82.

他们的立场上思考问题,在寻找问题的同时,能够发现其中的合理成分。只有当评估、监控者所下的结论是从受监控者切身利益出发,充分考虑了他们的所作所为、所思所想,并且确实把准了教学的脉搏,才有可能真正发挥质量监控的效用,同时为受监控者所接受。

(三)多元视点

教学质量标准监控并不是一件只要照着标准逐一对照打分那么简单的事,质量标准通常只是从一个方面甚至一个点来设立,它也许能够衡量教师在某一方面或某个点上达标的情况,但并不一定能真正地全面地反映教师实际教学水平和学生实际的学习水平。教师的教与学生的学是多元的、显隐共存的,而标准则必须是简化的、显性的。因此,一个教学质量监控高手,不可能死守标准教条,而能以标准为基础,从多元视点出发,进行多角度的评价和多方位的监控。

(四)灵活敏捷

与多元视点相适应,一个优秀的教学质量标准监控者还必须具备灵活敏捷的特点。任何一套教学质量标准的出台虽然经过各方论证或实践检验,但毕竟标准是"死"的,而教学是"活"的,教学过程千变万化,各种状况随时都可能出现。如果死抱着标准的教条,就难以做出合理的科学的评判和有效的监控。这就要求监控者能够灵活运用"教学质量标准",敏捷发现质量标准中各项条款难以评判的亮点与问题,及时给出修正教学质量标准与师生教与学质量的恰当的意见和建议。

第三节 监控的原则和主要内容

一、教学质量标准的监控必须要遵循的几个原则

(一)导向性原则

教学质量监控与评价,要以党和国家的教育方针、政策、法律、法规和相关文件为指导,以课程标准为依据,树立"以人为本""发展为本"的现代教育理念,改变传统评价中片面强调"甄别"和"选拔"功能的倾向,充分体

现监控与评价的诊断、反馈、促进发展的功能。注重学生创新精神与实践能力的培养,关注教师的专业成长和教育教学水平不断提高,关注学校的可持续发展。通过监控与评价体系的正常运行,积极促进学生成长、教师进步、教学改进、学校发展,促进学生素质教育的全面实施和教育教学质量的稳步提高。

(二)综合性原则

教学质量监控与评价要坚持"全面评价、全程监控、全员参与"的综合性原则。

教学质量监控与评价,不只是简单关注学生的学业成绩以及教师和学校的升学成绩,还要注重学生、教师综合素质的发展状况,关注影响教学质量的各个相关因素和环节。通过多因素、多方位、多指标的综合监控与评价,促进学生、教师和学校全面、和谐、可持续发展。

教学质量监控与评价,不只是简单关注教学质量结果的评价,更要注重过程的监控。要抓源头、抓过程、抓动态监测、抓及时调控,把教学中的问题矫正于始发时期,坚持横向与纵向相结合,动态与静态相结合,使监控和评价更加客观、公正、全面、有效。

在教学质量监控与评价系统中,学校、教师和学生既是监控评价的对象,又是监控评价的主体,在地位上是完全平等的。要充分开发学生和教师主体作用和潜在能力,使每个人、每个部门,都承担自己应该承担的责任,积极促进学生与教师的自我管理、自我教育、自我完善。

(三)实效性原则

教学质量监控与评价,要查实情,重实效,重落实。要对教学质量现状做出实事求是的评价,对影响教学质量的各有关要素进行客观、准确的分析;制订科学合理、切实可行的监控与评价方案,通过监控与评价机制的扎实有效运行,及时发现并解决教学过程中的真实问题,促进教学质量不断提高。教学质量监控与评价,要在保证科学性的前提下,尽可能在质量标准的制定、监控方法的采用、评价手段的使用等方面,做到简便易行、便于操作。

二、语文教学质量监控的内容

如前所述,教学质量监控的对象主要包括执教者、受教者和质量标准三个方面,而具体的内容却十分复杂。综合而言,有五大方面。

(一)教学素养与学习习惯

语文教师的教学素养和学生的学习习惯均是在长期的教与学的过程中逐步形成的,因此,要在短时内有所改观是很困难的。当然,语文教学素养与语文学习习惯是语文教学质量的重要因素,是不可能避而不谈的。也就是说,在教学评估与质量监控中,必须将这两个方面考虑进去。

"教学素养"是一个很宽泛的概念,它包含了多方面内容。1994年,美国西密歇根大学知名学者迈克尔·斯克里文(Michael Scriven)教授在综合各方面文献后指出,要成为一名理想的教师,至少需要具备如下五大方面的教学素养,即:学科知识、教学能力、评估能力、专业修养、对学校及社区的其他责任。同样,良好的学习习惯也由众多要件组成:观察模仿的习惯、自主阅读的习惯、质疑问难的习惯、不动笔墨不看书的习惯、预复习的习惯、讨论交流的习惯等。

(二)教学目标与学习动机

教学目标是教学的发展方向与结果预期,更明确地说,它是学科教学目的和任务(教学大纲、课程标准要求)的具体化,也是对教学内容的明晰化和能力要求的层次化,最终落实于教学中教与学的双边活动。教学目标有共性的一面(一般由教材编写者建议或确定),也有个性的一面(一般由教师根据教学的实际需要自行确定)。

教学质量标准监控,既要考虑共性化目标的达成与否,也要判断个性化目标的正误优劣。学生的学习动机,与教师的教学目标的定位密切相关。一般说来,高远的教学目标能够引起深刻而强烈的学习动机,但如果目标超越了学生的实际能力,则有可能导致学习动机的减弱甚至消失。而学生学习动机强弱在很大程度上决定了教学效果的高低。[①]

(三)教学内容与学习内容

教学内容不等于教材内容,更不等于文本内容,后两者具有较大的确定性和客观性,为广大师生所共同面对与拥有。而教学内容则是教师根据课程标准、教学对象、教学需要而在教学过程中自行确定的内容。它是教师对文本与教材内容的增删改补,不但具有较强的主观性(取决于教师

[①]梁平.高中课堂教学设计汇编 语文篇[M].北京:北京邮电大学出版社,2016.

的学科素养),而且具有一定的生成性(取决于教师的教学素养)。可以说,不同的教师执教同一本教材、同一个文本,会教出不同的内容,有时甚至迥异。

教师的教学内容在一定程度上决定了学生的学习内容,但教学内容不等于学习内容。由于学生具有自主学习的特点,而教师的引导也有优劣高下之分,故不同班级学生的学习内容有很大的差别,即使同一个班级的学生,其学习内容也可能很不一样。教学质量标准监控既要直接从教师教学的内容中做出判断,同时也要根据学生的学习内容加以区别。

(四)教学行为与学习技能

教师的教学行为主要包括两大方面,即:语言行为和非语言行为。西方的许多课堂研究者把课堂看作一种弥散着的语言环境,认为"教师的口头语言行为表示了他所做的全部事情和他要学生所做的全部事情",因而更多地把注意力集中在教师的口头言语行为上。

教师的教学行为,通常是教师教学理念与思维模式的外化。教师的教学行为,虽然能够影响学生的学习技能,但不可替代。这就是为什么同一个教师教出来的学生,其结果会有天壤之别的重要原因。有的教师自身教学行为虽好,但不注重学生的学法指导和学习技能的培养,那么,能上好课的好教师也未必能培养出优秀学生。

因此,教学质量标准监控必须考虑教和学两个方面。"一方面考察教师的教是为改进学生的学;另一方面教的质量最终反映在学的质量上,为了考察教师的教,在许多情况下必须从学生的学入手,把教师的教同学生的学联系起来考虑,还要注意教师的教和学生的学之间的中介过程"。

(五)教学质量标准的适切性

教学质量标准监控除了利用质量标准对具体的教学全过程进行质量监控,同时,还涉及教学质量标准本身的监控问题。我们知道,教学质量标准是人们根据教育的基本规律、特定时代及学校教育的需要而制定出来的,带有很强的主观性和不确定性。这也决定了教学质量标准自身也存在着优劣高下的问题,存在着是否适应教学需要的问题,这就同样需要有多方面的监控。要衡量一套教学质量标准的水平,除了看其语言表述、项目设计、权重安排、细则要求等外,更重要的是看这套教学质量标准是否适合某一特定学校的实际,能否适应该校师生的状况。而教学质量标准也应当在教学实践中,在有效的监控下不断修改完善。

第四节 监控的手段与方法

一、质性监控

(一)教学观察

教学观察是质性监控的重要途径。教学观察不同于一般的听课,听课着重在于课堂上听教师的讲解,包括教师讲什么和怎样讲。听课者在听课之前一般都不必做什么准备,或制订什么计划。教学观察则不同,它不仅要观察课堂上的教与学,也观察课外的教师指导和学生学习。更重要的是,教学观察事前必有充分的准备,包括制订严密的计划,确定观察的时间、地点、次数,根据监控目的确定观察的中心或焦点。此外,还要设计或选择观察记录的方式或工具。课堂教学观察也不仅仅听教师的"言",而要观教师的"形"和"神"。教学观察也不像听课那样,只记录教师的课堂语言及板书,而要记录教师与学生在课堂上表现出来的行为模式,包括行为发生的时间、原因、出现的频率,师生言语或非言语活动的内容和形式,此外,还要纪录观察对象其他行为的文字描述以及观察者的现场感受和理解。

(二)监控记录

当然,教学观察也有定量分析,其方法是:预先设置行为的类目,然后对在特定的时间段内出现的类目中的行为做记录。但更多的监控记录都是依靠文字(或语音)描述来进行。一般学校都有听课笔记,但显然用作教学质量标准监控是不够的,需要另行制作教学质量标准监控记录单。

教学质量标准监控记录的形式可以是多方面的,例如从描述的角度看,可从空间、时间、环境、行动者、事件活动、行动、目标、感情等方面进行;从叙述的体系看,可有日记和流水账、逸事记录、样本描述、田野笔记等;从监控记录的工具看,可有图式记录(即用集团图、环境图的形式直接呈现相关信息)和工艺学记录(即用录音带、录像带、照片等电子形式对所需研究的行为事件做现场的永久性记录)。

(三)监控报告

教学质量标准的监控成果,除了监控记录外,大多需要以监控报告的形式来反映。通过教学质量标准监控报告,使监控者对被监控者的行为达到干涉矫正的目的。教学质量监控报告的写作无定法,但一般要包括以下几个方面:教学质量标准监控的基本状况(包括时间、地点、原因、目的等),教学质量标准监控的过程,汇总收集到的信息并做筛选、甄别,对各类信息的分类与分析,得出的基本结论,提出改进意见和建议等。

(四)监控互动

前面三项都属于单向性教学质量标准监控,即均为监控者的行为。而真正有效的教学质量监控必须是多向互动的,即需要有被监控者的积极参与。这就意味着质性的教学质量标准监控需要加强讨论与对话。而这一方面是目前教学质量标准监控中最为薄弱的一环。

二、实例呈现

为了更好地实施《普通高中语文课程标准》,规范语文教学行为,引导并帮助每位教师提高专业素养,促进专业发展,有效提升学生的语文素养,特制定本实施细则。

(一)教学过程的监控

1.教学计划

认真学习《普通高中语文课程标准》,正确把握高中阶段的课程目标和实施要求;独立钻研教材,全面、系统地把握教材体系和知识结构;通读全册教科书,熟知模块的具体目标要求;研究课文内容及其与整套教材、本专题知识能力训练体系的内在联系,进而确定专题教学目标、课文教学目标和每个教时的教学目标。

认真研究任教班级学生现有的语文素养、语文学习能力语文学习心理,制订好具体可行的学期教学计划。学期计划必须目标明确,任务落实,措施具体,过程清晰,可操作性强,应包括:①学期教学总体目标。②教材内容与学生情况简要分析。③学期教学总体构想、具体措施和课内外学习训练活动安排。④作文教学计划(包括作文教学任务和写作重点,作文次数及要求等)。⑤教学进度安排(包括各专题教学重点、难点、课时分配、时间安排等)。

教研组和备课组分别制订好学期的教研活动计划,包括业务学习和课堂教学研讨计划;各备课组尽量做到统一目标、统一进度、统一测试。

2.课前准备

独立研读教材。教师要在参考相关教学资料之前,独立研读文本,研究课文内容及其与专题知识能力训练体系的内在联系,形成个人的独特见解,再通过个人思考与参考资料的碰撞,实现教师和语文课程的同步成长。

设计教学方案。认真钻研学材内容,领会编者专题设计意图及课文学习重点,要做到"生课熟备,熟课生备";备课时要深入研究学生的心理需求、认知水平,既要备教法,更要备学法,因班制宜,因材施教。确定每个专题每篇课文适当、明确、集中的教学目标,选择最恰当的教学方法,设计最佳教学方案,在方案中要体现学生活动设计。

倡导集体备课。同备课组教师在个人认真备课的基础上,在每个专题的教学前,开展有效的集体备课活动。集体备课要做到:①定时间、定地点、定内容、定中心发言人。②每次集体备课活动均要有详细记录并存档备查。③在集体备课的基础上修改自己的教案,集体备课确定的统一内容在个人的教案中要有所反映。④备课同时要体现个人的思考,有个人的特色。

编写规范教案。课时教案内容一般包括:①课题。②教学目标。③教学重点难点。④课时安排。⑤教学构思及手段运用。⑥教学过程(步骤)及学生活动的设计。⑦巩固知识技能、促进感悟体验的练习。⑧教学后记。阅读教学的练习课、复习课也要跟新授课样认真准备,编写教案;写作教学要准备做前指导教案和做后讲评教案。

3.课堂教学

倡导绿色课堂,呼唤原生态教学;倡导激情教学,提高课堂教学效益。注重培养学生的人文精神和创新品质。

各个教学环节围绕教学目标展开,学、教、练要一体化。各项学习活动注重实效,提问与讨论要有序、适度,问题要有价值,要相机指点引导;

讲授准确,有条理,有重点,有针对性;课堂训练求实、求精、求活、求新。重视学生学习效果的反馈,并根据实际情况及时调整教学。

精心组织小组讨论和大组交流,目的清楚,全员参与;保证学生在课堂上的活动量,让课堂教学成为学生学习、体验的过程。

注重师生平等对话,发挥教师的主导作用,强化学生的主体地位,教师与学生分享彼此的思考与见解,交流彼此的情感与理念,实现教学相长。

注意学习内容的拓展,使课堂教学成为学生课内外学习的交互点,真正做到得法于课内,得益于课外。

课堂评价关注过程,注重激励,中肯适度。努力激发、保护学生学习热情和创想,包容而又不漠视学生的问题与不足,及时指点引导;教师不独享评判权,注意培养学生自评互评的习惯和客观公允的评价能力。

4.作业训练

紧扣课堂教学目标要求,精心安排与选取练习。平时每次布置的课外书面作业量为30分钟左右。

作文每学期不少于8篇,当堂完成的作文最好不少于两篇;指导学生每周练笔1篇,3年中各类练笔不少于3万字,把所见所闻所思所感随时写下来,以提高写作能力。

作业批改要讲究实效,并兼顾不同层次有计划地轮流重点批改。作业批改中要重视积累评讲资料。各种作业都要评讲,并要求学生针对存在的问题及时订正或修改。批改方式:①重点作业全收全改。②部分作业精批细改。③个别情况当面批改。④学生自批自改。⑤学生互相批改。

5.课外辅导

辅导形式可以多样:全班辅导、小组辅导、个别辅导等。辅导要求:既要辅优,又要扶弱。对优秀学生应有计划地引导,充分发挥其特长,挖掘其潜能;对学困生应满怀热情耐心帮助,根据其特点对症下药,个别辅导。

依托教科书,根据实际,因地制宜,积极开展丰富多彩的综合实践活动。如组织社会调查、读书会、演讲比赛、朗诵比赛、影评活动、文学社团活动以及举办讲座、出墙报、写对联等。活动要精心筹划,相机指导,发挥学生主体作用,培养学生创新精神。

指导学生阅读课外书刊(特别是文学名著),3年中课外阅读量不少于150万字。

(二)教学效果的监控

1.教师课堂教学评价

课堂教学评价实行教研组长负责制,成立学科评价小组,要求教研组长把好课堂质量评价关,把落实课堂质量标准、提高课堂效率、促进教师专业成长与教研组建设有机地结合在一起。通过听课,及时发现教学中存在的问题。

授课教师要从发展自己、提高自己的角度出发,认真备好、上好每一节课,积极参加说课、评课活动,虚心听取他人的意见和建议,不断改进课堂教学方法,提高课堂教学实效。所有任课教师,均应接受评价组的听课。

听课方式:由教研组长组织评价组成员听教师常态课。评价小组可根据实际需要在一学年内听评同一任课教师的常态课1至3次。按照授课计划听课,审核教案上交教务处;严格遵循课堂评价标准给分,客观公正确定评价等级。

听课次数:每学期评价小组至少完成组内教师人数的1/2的听课、评课任务;每学年至少完成一轮听课评课任务。

2.学生学业评价

每学期实行期中、期末两次学科考试。平时学习效果要及时评价,注重跟踪监控与过程评价。

命题要根据《语文课程标准·评价建议》,突出重点,着重考查学生灵活运用知识的能力。题量与难度要适当,应照顾大多数学生。命题要注意区分度和试题的层次性。

每次检测、考试后,要及时批阅,做好质量分析,并针对问题进行集体评讲或个别辅导,帮助学生掌握知识和技能,使学生学有信心,学有长进。①要认真做好试卷分析,找出教学中存在的主要问题,提出改进教学、提高教学质量的措施。②要做好试卷讲评,一般先对重点对象抽样分析,从中发现学生主要问题,而后重点讲析有价值的问题,最后进行深化与延伸。

(三)监控方式

学校建立教师、教研组、教务处三级监控网络。

任课教师一是要自我监控教学过程中各个环节的教学行为是否符合规范,二是要随堂监控学生对重点知识的掌握情况、能力形成状态、存在的倾向性问题,并进行单项或专题为主的口头测试、书面测试。

教研组负责对教师的课堂教学进行监控和评价。教务处负责对教师教学过程中的各个环节进行整体监控,并在期中和期末对学生学业进行两次监控测试,发挥其督察、激励功能,及时调整师生的教学行为,确保教学质量的提高。

监控方式做到"三个结合":教研组监控与学校监控相结合;全程监控与重点监控相结合;随机监控与定期定点监控相结合。监控的结果纳入教师工作和学生学业成绩的整体评价之中。

第六章 "双减"背景下普通高中语文课堂测评素养重构

第一节 "双减"政策文本内容分析

课堂测评作为教学的关键环节,其测评方式主要包括作业和考试。作业又分为课内作业和课外作业,考试则分为平时测试和学业测试(中考作为初中阶段的最后一次毕业测试,也属于学业测试的范畴)。"双减"政策文本中,关于学生作业和考试的内容非常多,这些问题的出现及其措施的出台与教师课堂测评素养具有高度相关性。

一、学生作业负担过重问题分析

(一)学生作业布置的主客体问题

《意见》明确提出,"严禁给家长布置或变相布置作业,严禁要求家长检查、批改作业""不得要求学生自批自改作业"。这些要求直指教师在课堂测评中有意或无意混淆测评的主客体关系,以至于学生作业布置出现了主客体不分的局面。

作业布置作为课堂教学中的必要环节,属于课堂测评的范畴,是检验、诊断、巩固学生当堂或当天学习成效的一种方式。作业能反馈学情,教师通过对学生作业的分析,查找教学漏洞,调整教学进程,促进教学成效的提升,其重要性不言而喻。

明确主客体关系是教师布置作业的题。但在目前情况下,教师作业布置问题多多,其症结是主客体关系没有理顺。如教师布置作业时,有时会打着"家校共管"的旗号,不考虑课堂测评的主客体身份,要求家长代替教师检查、批改作业。部分教师为争抢学生的课后时间,提高学生对本门课程的重视程度,给学生布置过多、过难的作业;当这些过重的作业不能完成时,家长自然成了完成孩子作业或协助完成作业的人选。作为课堂测评的客体,学生的主要任务是按照教师的课堂测评要求完成作业。学生可以在教师的指导下,部分地参与自我测评,但不宜过多。如学生过多自批自改作业,则学生作为测评客体的身份就发生了变化,作业原本的诊断、反馈功能也就无从谈起。

(二)学生作业布置的分量问题

《意见》指出,"加强学科组、年级组作业统筹""分类明确作业总量""鼓励布置分层、弹性和个性化作业,坚决克服机械、无效作业、杜绝重复性、惩罚性作业"。这些要求直指学生作业分量过重和质量不高的问题。

作业作为教学评价的一种方式,通常使用采样的模式,即给学生布置适量的题目,获取学生的样本。了解学生课堂知识接受效果、技能掌握情况,反馈于教学,促进后续教学的改进。当然,作业越多,样本就越多,评价反馈的信息就越全面。在应试教育的大环境下,为更加全面获取学生样本信息,提高学生成绩,同时也为本门课程抢占学生更多课后时间,任课教师通常给学生布置本课程大量甚至是无限量的作业,不顾及学生的承受能力和其他课程的作业布置情况,这是导致学生作业负担过重的主要原因。过量的作业负担导致学生完不成作业,或抄袭作业,或求救于"拍照搜题"等软件,以应对教师的检查。对不能按时完成作业的学生,教师不是反思自己作业布置的分量是否恰当,是否考虑其他课程的作业分量,而是给学生布置重复性甚至惩罚性作业。此举愈加打击学生的学习兴趣和学习自信心,进而形成恶性循环。在学生作业负担过重这一问题上,原本可以说教师是"好心办好事";但是,如果学生作业负担持续过重,教师则是罔顾教育教学规律和学生身心健康,破坏教学秩序和教育生态。[1]

二、考试问题分析

《意见》提出,"降低考试压力,改进考试方法,不得有提前结课备考、违规统考、考题超标、考试排名等行为;考试成绩呈现实行等级制,坚决克服唯分数的倾向"。这些要求涉及考试压力、考试方法和考试结果运用三个方面的问题。

---

[1]张志强. 新课改以来高中语文教学测评研究综述[J]. 语文教学通讯·A刊,2020(11):68-71.

(一)考试压力的问题

学校考试是在学生在经过一段时间(一般以学期为单位)的学习之后面对其实施的诊断性测评。从心理学上讲,担忧和焦虑可以引起人们对某一事件的持续关注,使其投入精力来改变或摆脱当前状况。为引导学生或家长对教师所任教课程的重视,不少教师倾向于编制或选择难题、偏题和怪题,试题超纲超标现象成为考试中的常态。部分教师甚至以考倒学生为宗旨,致使学生在心理上产生"谈考色变"的焦虑情绪。适度的考试压力有利于学生的学业进步,但过重的考试压力只能走向反面。

(二)考试方法的问题

《意见》提出的考试方法主要涉及是否统考、考试时间安排、考试频率等。统考便于对学生成绩进行对比,从而找出差距,补齐短板;但无形之中,统考及其排名也增加了学生的考试压力。在应试教育的环境下,学校或教师更倾向于实施统考,并且"乐见"统考带给学生的压力,以期激发学生的学习热情;但现实中,统考试题与教师本人的教学和学生个体的学习实际契合度相对较低,统考的反拨效应有限。考试本应是教学的一个程序性环节,是检验教学效果的方式;但目前,考试的作用被教师无限放大,并上升为主位,其后果堪忧。

考试时间安排涉及两个方面的问题:一方面,为提前让学生进入考试状态、增加备考时间,不少教师通常提前结课,腾出时间(少则几周,多则2至3个月),以考代教,以考代学;另一方面,考试频率增加,考试演变为月考、周测、日测、课课练,颠倒了教学与测试的关系,也加大了教师和学生的负担。正如家长为促进孩子身高增加,天天称、日日量,却不关注孩子的营养增加,其效果必定事与愿违。

(三)考试结果的运用问题

考试结果的排名能在一定程度上促进学生的学业进步;但随着学生个性化发展的需求,考试排名,特别是统考之后的排名,给学生的个性化发展和多元化发展带来弊端,不符合现代人才评价的趋势要求。教师应考虑公布考试成绩排名给学生特别是后进生带来的心理冲击、应倡导以等级制公开或单独呈现给学生本人,以保护学生自信心,克服唯分数的倾向。

第二节 普通高中语文课堂教学测评素养的重构思路

从对"双减"政策的文本分析可以看出,学生作业负担过重和考试压力过大与教师课堂测评素养的欠缺有直接关系,教师课堂测评素养需要重构。为确保"双诚"政策落地落实,应从以下五个方面重构教师课堂测评素养。

一、明确课堂测评的主体

在课堂测评中,存在着一元主客体论和多元主客体论之争;但在这两种理论体系中,教师始终占据主体地位。

在一元主客体论中,教师与学生无疑是"一对一"的测评主角和配角。教师作为主体,把控测评的全局规划,实施步骤效果反馈等;学生作为测评的客体,按照测评要求,如实地完成教师布置的作业或其他测评任务,反馈其学习的不足和漏洞,促进学习进步。

在多元主客体论中,有学者将教师之外的学生、家长也作为测评主体,推行自主测评、多元主体测评。测评主体的多元参与有利于测评实效的提升,但多元参与并不意味着没有主次之分,教师仍然是多元主体中的关键主体,对测评的设计、实施和效果负有主要责任。教师不能将家长作为测评主体,给家长布置任务,让家长代替教师测评学生,将自己的测评主角身份拱手相让,形成"家长测评学生"的怪圈。这样的"测评链"混淆了测评的主客体,阻碍了测评的正常实施,测评效果也难以提升。

在课堂测评中,测评主体的身份认可是教师课堂测评素养的关键,教师不应放弃作为测评主体的身份。教师始终是一元主客体论中的主体,也是多元主客体论中的主角,不应推诿,而应站稳脚跟,守住自己的阵地;家长也不应主动或被动地越俎代庖,不应顶替教师的角色实施对学生的测评。

二、把握课堂测评的适切度

教师对测评任务布置的适切度是提高课堂测评效率的关键。测评任务的适切度主要包括测评任务总量和难度系数。在测量学中,样本总量的选取应有科学依据。同样,学生作业的布置也不是随随便便的事情,应在保证质量的前提下,适量布置。难度系数作为作业布置的另一维度决定着测评结果反馈的质量。不顾学生实际,一味地求难、求怪,无节制地增大考试的难度,无疑不是课堂测评的明智之举。如在英语课程的作业布置中,作业文本的难度系数首先要考虑学生的词汇总量,若生词总量大大超过学生已经掌握的词汇范围,就达不到课堂测评反馈的应有效果,而只是徒增学生的负担。因此,适量适度布置作业事关课堂测评的实效,也是教师课堂测评必备素养之一。①

三、厘清课堂测评的程序

课堂测评作为教学的关键环节,具有一定的程序性。首先,测评应遵循教学大纲或课程标准,按部就班进行。部分学校或教师提前结课备考,看似教师积极主动,实则违背教学规律,导致教学产生"夹生饭",其最终效果是欲速则不达。其次,从教育心理学的角度看,学生的认知需要时间积累和知识储备,课堂教学应稳扎稳打。提前结课备考,延长的备考时间是被压缩的教学时间。再次,更为错误的是,这样的操作颠倒了教学与测评的关系,其教学效果可想而知。以教定考,以学定考,因材施考,是课堂测评必须遵循的根本原则和逻辑程序,教师应无条件遵守执行。

四、遵循课堂测评的标准

在宏观上,课堂测评应遵循教育与心理测验的相关标准,从知识、技能、方法、伦理等方面规范测评实践。课堂测评作为专业性极强的一个领域,每一门课程都有自身的测评标准,用以指导测评实践。课程标准作为课堂教学实施的纲领性文件,也是测评的标准和规范。在具体的课堂教学中,教师的课堂测评要符合课程标准的相关要求。教师在课堂测评中应始终坚持以课程标准为本,不超标测评;同时,教师应根据学生实际情况,确定测评标准,选择测评内容,采取恰当的测评方式综合考虑并实施。教师课堂测评中最忌讳的是超前超标测评,如部分初中教师在对学生的测评中,以高中甚至大学的标准设计试题、实施测评,这种"拔苗助长"式的测评势必会打击学生的自信心,影响学生的学业进步和个体发展。

---

①宋青著.高中语文课堂教学创新理念与实践[M].吉林:吉林文史出版社,2019.

五、重视课堂测评的后效

课堂测评的后效与测评结果的正确使用相关。传统上,我国对测评结果的使用较为粗放,张贴成绩、公布排名、表扬先进激励后进等是测评结果使用的一贯手法。测评属于心理测量学的范畴,测评本身具有不确定性,一次测评结果并不足以反映受测对象的真实情况,测评结果的说服力有限。同时,随着心理学研究的进展,关注后进学生的心理问题成为现代学校教育的重要一环。对课堂测评结果的排名和公布会在一定程度上伤害后进学生自尊心,打击其自信心。有的教师甚至以课堂测评结果作为惩罚学生的依据和理由,进而给学生布置更多重复性、机械性、惩罚性作业,其做法更是违背教育教学规律。逐步取消考试排名、推行等级制呈现考试成绩,是现代课堂测评的趋势,也是确保课堂测评后效的有力举措。

第三节 普通高中语文课堂教学测评素养的重构路径

教师课堂测评素养的发展与培育属于教师专业发展的范畴。教师专业发展需要两方面推动力:一是教师个体自身的推动力,二是来自系统的推动力,包括政府、学校和社会等。当二者协同推进时,教师的专业发展才得以持续下去。基于"双减"政策的文本分析及教师课堂测评素养的重构思路,结合我国课堂测评实践,应从三个层面重构教师课堂测评素养:一是教师个体层面,构建自身在课堂测评中的身份认同,这是教师课堂测评素养重构的前提条件,有助于解决课堂测评主体不明确的问题,属于教师个人发展的内在动因;二是学校管理层面、组织测评专业培训,主要包括作业设计与布置,考试设计与实施等,有助于教师把控课堂测评实施中的适切度、测评程序、测评标准和测评后效等问题;三是政策层面,完善教育质量评价体系,将课堂评价体系纳入其中,这是教师课堂测评素养重构的制度依据。

一、构建教师个体在课堂测评中的身份认同

教师身份认同是教师认知学习与提升的基础和前提,是教师综合素养建构的具备条件(身体和心理)。稳定而强有力的教师身份认同是课堂教学质量的重要保障。多年来的研究表明,教学改革的成功与否在很大程度上取决于教师如何认同和定位自己在改革中的身份。毫无疑问,教师身份认同是教师课堂测评素养重构的首要切入点。

教师个体应对自身在课堂测评中的定位进行反思与构建,重新定位自己,包括自我概念、自我形象的框定。在课堂测评实践中,教师首先应从哲学层面回答三个基本问题:我是谁,我从哪里来,我来干什么的。作为课堂测评的设计者和实践者,教师应对课堂测评进行总体设计,包括测评目标、测评方法、测评手段、测评标准、测评结果使用等,并在测评实践中时刻进行反思,以提升测评效果。从教师专业发展的视角来看,教师在测评中的身份认同构建是一种自救,不是他救,因为只有自身的觉醒才能从根本上做好课堂测评,提高课堂教学效果。

教师身份认同的建构还与教师所处的社会、政治、文化等大环境密切相关,并受环境的制约和影响。因此,构建一个包容的社会文化环境,特别是一个良好的教育生态,将有助于教师快速、准确建构身份认同,使其充满能动性地开展课堂测评活动,进而成为"双减"政策的推动者,而不是被动的接受者。

二、推动学校组织校本课堂测评专业培训

专业支持是专业持续性发展的重要特征,主要表现在各种旨在提升工作技能和工作绩效的活动与行为等方面。看似简单的课堂测评,实则是一个专业化程度较高的领域。在这个领域内,教师课堂测评素养的提升离不开专业支持,而校本课堂测评专业培训无疑是最佳选择。

本次"双减"政策的根源之一是学生作业负担过重。考试压力过大。学校可以针对这些内容,组织"作业设计与布置""考试设计与实施"等专题培训,提高教师课堂测评的知识、能力和水平,改进教师课堂测评的观念、意识和伦理,助推教师课堂测试素养的重构。如在"作业设计与布置"专题培训中,可以包括作业的概念、内涵、类属,性质以及作业的作用、作业的设计、作业的批阅与检查、作业的展示与评价等。首先,通过专业培训,使教师充分认识作业的概念、本质、作用与意义,充分发挥作业作为课堂测评的主要方式在检测教学效果、精准分析学情、改进教学方法等方面

的积极作用。其次,使教师学会系统设计符合学生年龄特点和学习规律、体现素质教育导向和学科核心素养特征的基础性作业,布置适量作业,增加分层作业弹性作业和个性化作业,坚决克服机械、无效作业,杜绝重复性、惩罚性作业。最后,通过培训,使教师认识到履行作业指导职责的重要意义,做到能科学指导小学生在校内基本完成书面作业初中生在校内完成大部分书面作业,并能及时做好反馈,加强面批讲解,做好答疑辅导。这样的测评专业培训是教师课堂测评素养重构的必要专业支撑,必将有力促进教师对课堂测评适切度、测评程序、测评标准和测评后效的深层次理解,使其对课堂测评的有关标准和规范内化于心、外化于行。[1]

三、助推政策层面完善教育质量评价体系

在保证教育质量评价体系的科学性、合理性和可行性的前提下,其执行和落实将渗透、内化于教师个体,直接影响教师课堂测评行为,使教师表现出与政策基本一致的测评行为,彰显较高的测评素养。如政策出现偏颇或执行不力,教师的课堂测评实践与测评素养将产生偏差,甚至与政策背道而驰。

传统上,教育质量评价体系所涉及的内容宏观性较强,对微观层面的内容不是那么重视,甚至忽略。在测评领域,课堂测评作为教育质量评价的关键手段之一,关乎教育质量评价制度能否得到贯彻执行;因此,在教育评价制度改革中,应对课堂测评给予同等重视,并将其纳入教育质量评价体系之中。各级教育行政部门,尤其是地方教育行政部门,应加大对课堂评价的投入,使课堂评价得到与外部评价同等的待遇。

---

[1]徐立萍,冯淼华."双减"政策下教育出版的发展契机与前景刍议[J].出版广角,2021(20):24-27.

参考文献

[1]邓姗姗.新课改背景下高中语文教师教学决策研究[D].桂林:广西师范学院,2015.

[2]窦冰,顾丹霞,王锡强.语文教学管理研究[M].长春:东北师范大学出版社,2015.

[3]高玲.普通高中语文教师课堂教学决策研究[M].西安:陕西师范大学出版总社,2019.

[4]梁平.高中课堂教学设计汇编 语文篇[M].北京:北京邮电大学出版社,2016.

[5]罗华勇.教师成长之路 高中语文生态有效课堂教学研究与反思[M].成都:西南交通大学出版社,2017.

[6]罗黔平.高中语文课堂教学实践与探究[M].长春:吉林大学出版社,2020.

[7]马大建.校长成长 教师成长[M].郑州:大象出版社,2015.

[8]毛振明.领会"双减"深刻意涵助力学校体育改革[J].上海体育学院学报,2021,45(11):4-6.

[9]孟凡军.高中语文课堂教学评价标准演变概说[J].中学语文教学参考,2021(01):15-18.

[10]宋青.高中语文课堂教学创新理念与实践[M].吉林:吉林文史出版社,2019.

[11]王海军.高中语文课堂教学之有效评价[J].情感读本,2016(20):82.

[12]王丽芹.提高高中语文课堂教学质量的策略探究与实践[J].考试周刊,2020(90):37-38.

[13]吴音莹.高中语文选修课学生个性的实现[M].长沙:湖南师范大学出版社,2017.

[14]徐立萍,冯淼华."双减"政策下教育出版的发展契机与前景刍议[J].出版广角,2021(20):24-27.

[15]袁磊,雷敏,张淑鑫.把脉"双减"政策构建在线教育信息安全体系[J].现代远程教育研究,2021,33(05):3-13,25.

[16]张林.高中语文学习任务群教学实践举隅[M].上海:上海交通大学出版社,2018.

[17]张志强.新课改以来高中语文教学测评研究综述[J].语文教学通讯·A刊,2020(11):68-71.

[18]赵国柱,陈旭光.教育理念变革中的师德建设[M].天津:天津教育出版社,2017.